다락원

일본어 마스터를 위한 나침반

일본어 마스터 ④

다락원 마스터 일본어 ❹

지은이 박민영, 사카구치 사야카, 아키하 타카코
펴낸이 정규도
펴낸곳 (주)다락원

초판 1쇄 발행 2018년 12월 26일
초판 3쇄 발행 2025년 3월 5일

책임편집 송화록, 손명숙, 임혜련, 한누리
디자인 하태호, 이승현, 정현석
일러스트 김희선
사진 제공 셔터스톡

다락원 경기도 파주시 문발로 211
내용문의: (02)736-2031 내선 460~465
구입문의: (02)736-2031 내선 250~252
Fax: (02)732-2037
출판등록 1977년 9월 16일 제406-2008-000007호

Copyright ⓒ 2018, 박민영, 사카구치 사야카, 아키하 타카코

저자 및 출판사의 허락 없이 이 책의 일부 또는 전부를 무단 복제·전재·발췌할 수 없습니다. 구입 후 철회는 회사 내규에 부합하는 경우에 가능하므로 구입문의처에 문의하시기 바랍니다. 분실·파손 등에 따른 소비자 피해에 대해서는 공정거래위원회에서 고시한 소비자 분쟁 해결 기준에 따라 보상 가능합니다. 잘못된 책은 바꿔 드립니다.

ISBN 978-89-277-1163-6 18730
　　　978-89-277-1159-9(set)

http://www.darakwon.co.kr

- 다락원 홈페이지를 방문하시면 상세한 출판 정보와 함께 동영상강좌, MP3 자료 등 다양한 어학 정보를 얻으실 수 있습니다.
- 표지의 QR코드를 스캔하시면 MP3 파일 및 관련자료를 다운로드 하실 수 있습니다.

머리말

일본에서 나온 책 중에 『舟を編む(배를 엮다)』라는 소설이 있습니다. 애니메이션과 영화로도 만들어진 이 작품은 『大渡海』라는 일본어 대국어사전을 만드는 편집부의 애환을 그린 내용으로, 「辞書は言葉という大海原を航海するための船である(사전은 언어라는 망망대해를 항해하기 위한 배이다)」라고 하며 '사전'을 만드는 작업을 '배'를 엮는 과정에 비유하고 있습니다. 다시 말해서 '사전'이라는 배가 없으면 우리는 바다를 건널 수단이 없는 셈입니다.

그럼 일본어 교재란 무엇일까요?

일본어 교재는 망망대해를 건너기 위한 배뿐만 아니라 길을 알려주는 나침반도 되어, 여러분이 무사히 항해를 마칠 수 있도록 도와주는 최상의 수단이라고 생각합니다.

세상에는 바다를 건널 수 있는 배가 참 많이 있습니다. 그러나 믿고 편안하게 항해할 수 있는 튼튼한 배인지, 가야 할 길을 제대로 알려주는 정확한 나침반이 있는지 꼼꼼히 살펴보아야 한다고 생각합니다. 본 교재가 일본어 실력 향상으로 가는 가장 좋은 항로가 되기를, 또한 여러분의 항해가 즐겁고 편안하기를 기대해 봅니다.

저자 대표 **박민영**

이 책의 구성과 특징

초급을 넘어 중급으로 차근차근 마스터!
듣기, 말하기, 읽기, 쓰기 능력을 한꺼번에 마스터!
일본 생활에서 배우는 실전 일본어 마스터!

학습목표
이 과에서 배우게 될 학습 목표를 제시합니다.

회화 워밍업

1~3권에서 학습한 문형들을 바탕으로 각 과의 주제를 미리 알아봅니다. 음성을 듣고 빈칸 채우기를 하며 자신이 얼마나 알고 있는지 확인할 수 있습니다.

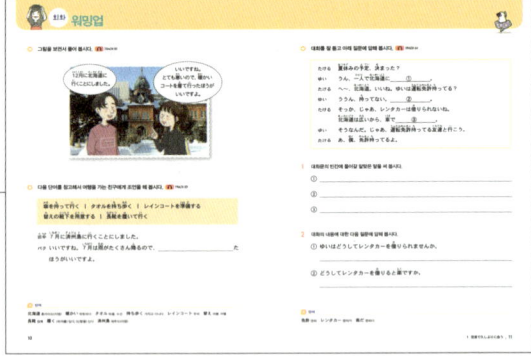

회화 마스터

여행을 목적으로 방문한 일본에서 벌어지는 다양한 상황을 회화문으로 구성하였습니다. 실제 상황을 통해 주요 단어와 문형에 대한 심화 학습을 합니다.

문법 마스터

문법에 관한 언어 지식을 예문과 함께 이해하기 쉽게 설명하였습니다. 『다락원 일본어 마스터 ❹』에서는 JLPT(일본어능력시험) N3 수준의 문법을 학습합니다.

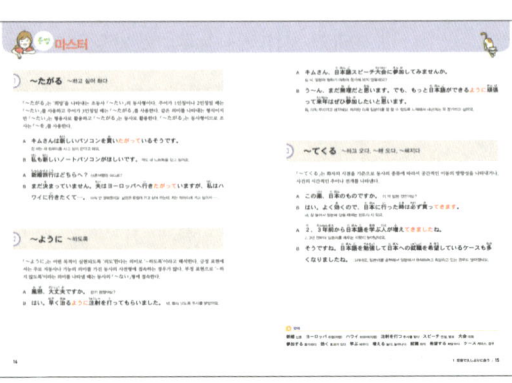

말하기 마스터

학습한 문형과 표현을 자연스럽게 말할 수 있도록 다양한 형태의 문제에 답하며 연습합니다.

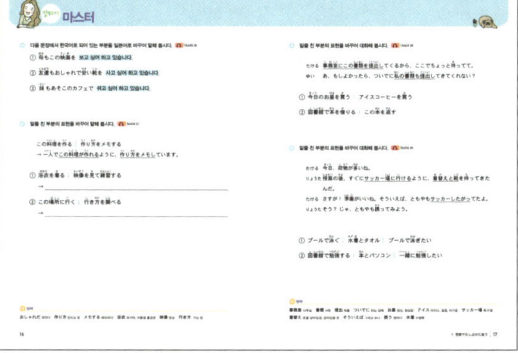

읽기 마스터

주제와 관련된 글을 읽고 그 내용에 관한 문제에 답하며 독해 능력을 확인합니다.

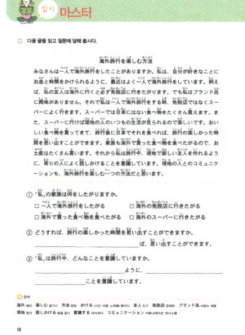

쓰기 마스터

쓰기 연습을 통해 주요 표현을 이해하고 확인 학습을 합니다.

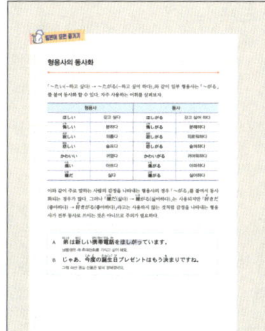

일본어 표현 즐기기

틀리기 쉬운 미묘한 일본어 표현의 차이에 대해 예시를 들어 설명합니다.

부록 : 스크립트와 모범 답안, 문법 찾아보기, 단어 찾아보기

부록에는 본문에 실리지 않은 '회화 워밍업' 해석과 스크립트, '회화 마스터'의 한글 해석, '말하기 마스터'와 '읽기 마스터'의 모범 답안을 실었습니다. 또한 문법 찾아보기와 단어 찾아보기를 통해 이 책에 나오는 문법과 단어를 어느 과에서 학습했는지 쉽게 찾아볼 수 있습니다.

일본어 마스터 학습 도우미

● MP3 파일

 ▷ 스마트폰

스마트폰으로 QR코드를 스캔하면 다락원 홈페이지의 본책 페이지로 바로 이동합니다. 'MP3 듣기' 버튼을 클릭합니다. 모바일로 접속하면 회원 가입과 로그인 절차 없이 바로 MP3 파일을 듣거나 다운로드 받을 수 있습니다.

 ▷ PC

다락원 홈페이지(www.darakwon.co.kr)에 접속하여 검색창에 『다락원 일본어 마스터4』를 검색하면 자료실에서 MP3 파일을 듣거나 다운로드 받을 수 있습니다. 간단한 회원 가입 절차가 필요합니다.

목차

머리말
이 책의 구성과 특징
주요 등장인물

1 空港で久しぶりに会う 　9
- ① 희망 ～たがる
- ② 의도 ～ように
- ③ 물리적 이동, 상태 변화 ～てくる

2 結婚式参加に関して相談する 　21
- ① 목적 ～ために
- ② 물리적 이동, 상태 변화 ～ていく
- ③ 부정 ～ずに

3 カフェでランチセットを注文する 　33
- ① 시작과 완료 ～始める/～終わる
- ② 형용사의 명사화 ～さ
- ③ 존경과 미화의 お/ご

4 間違いを指摘する 　45
- ① 형용사의 부사형
- ② 경우 ～ことがある
- ③ 생략 표현 ～け(れ)ど

5 洋服を試着する 　57
- ① 상태 표현 ～ところ
- ② 한정 ～しか(～ない)
- ③ 혼잣말, 완곡 표현 ～かな

6 デジカメを買う 　69
- ① 추론 ～わけだ/わけではない
- ② 의문 ～かどうか
- ③ 얼버무림 표현 ～たりする

7	**結婚式に参加する**	81

❶ 전문 ～(な)んだって　　❷ 추량 ～みたいだ
❸ 정도 ～ぐらい

8	**カタログギフトで商品を選ぶ**	93

❶ 동사의 명령형　　❷ 부대상황 ～ないで
❸ 나열 ～や～など

9	**アトラクションのファストチケットをとる**	105

❶ 동작의 순서 ～てから　　❷ 동시동작 ～ながら
❸ 의문사 + でも

10	**カラオケのプランを選ぶ**	117

❶ 상태 ～たまま　　❷ 기한 ～までに
❸ 가정 ～(だ)と

11	**予約したチケットを変更する**	129

❶ 허가 ～て(も)かまわない　　❷ 변화 ～くする/～にする
❸ 정중 표현 ～でございます

12	**空港で荷物を別に送る**	141

❶ 확신 ～はずだ　　❷ 당위 ～ことになる
❸ 한정 ～ばかり

	부록	153

스크립트 및 모범 답안
문법 찾아보기
단어 찾아보기

주요 등장인물

해리는 어학 연수 시절 동아리 선배의 결혼식에 참석하기 위해 일본을 방문했습니다. 사촌 오빠인 민수의 집에 머무르며 오랜만에 친구도 만나고 쇼핑도 하며 즐거운 시간을 보냅니다.

김해리(金・ヘリ)

한국대학 국어국문학과 3학년.
일본에서 1년 동안 어학 연수를 하고
한국으로 돌아왔다.

스즈키 사토미(鈴木 聡美)

해리가 어학 연수 시절
동아리에서 만난 친구.

김민수(金・ミンス)

해리의 사촌 오빠.
대학 졸업 후 일본 관광회사에 취직하여
회사 동료인 야마다 아이와 결혼.
현재 도쿄 거주.

야마다 아이(山田 愛)

해리의 사촌 오빠 김민수의 부인.
현재 도쿄 거주.

1

空港で久しぶりに会う

학습목표
1 희망 ～たがる
2 의도 ～ように
3 물리적 이동, 상태 변화 ～てくる

회화 워밍업

○ 그림을 보면서 들어 봅시다. 🎧 TRACK 02

12月に北海道に行くことにしました。

いいですね。とても寒いので、暖かいコートを着て行ったほうがいいですよ。

○ 다음 단어를 참고해서 여행을 가는 친구에게 조언을 해 봅시다. 🎧 TRACK 03

> 傘を持って行く ｜ タオルを持ち歩く ｜ レインコートを準備する
> 替えの靴下を用意する ｜ 長靴をはいて行く

田中 ７月に済州島に行くことにしました。

パク いいですね。７月は雨がたくさん降るので、＿＿＿＿＿＿＿＿＿＿＿たほうがいいですよ。

단어

北海道 홋카이도(지명)　**暖かい** 따뜻하다　**タオル** 타올, 수건　**持ち歩く** 가지고 다니다　**レインコート** 우비　**替え** 여분, 여벌
長靴 장화　**はく** (하의를) 입다, (신발을) 신다　**済州島** 제주도(지명)

○ 대화를 잘 듣고 아래 질문에 답해 봅시다. TRACK 04

たける	夏休みの予定、決まった？
ゆい	うん、一人で北海道に_____①_____。
たける	へ～、北海道。いいね。ゆいは運転免許持ってる？
ゆい	ううん、持ってない。_____②_____。
たける	そっか、じゃあ、レンタカーは借りられないね。 北海道は広いから、車で_____③_____。
ゆい	そうなんだ。じゃあ、運転免許持ってる友達と行こう。
たける	あ、僕、免許持ってるよ。

1 대화문의 빈칸에 들어갈 알맞은 말을 써 봅시다.

① _____

② _____

③ _____

2 대화의 내용에 대한 다음 질문에 답해 봅시다.

① ゆいはどうしてレンタカーを借りられませんか。

_____

② どうしてレンタカーを借りると楽ですか。

_____

⭐ 단어

免許 면허　レンタカー 렌터카　楽だ 편하다

1 空港で久しぶりに会う | 11

회화 마스터

○ 공항으로 해리를 마중 나온 민수와 아이 🎧 TRACK 05

ヘリ　　お久しぶりです！

愛　　　元気だった？

ヘリ　　はい。わざわざ空港まで、ありがとうございます。
　　　　荷物も多いので助かりました。

ミンス　電車だと、ちょっと遠回りだからね。

愛　　　セリも元気にしてる？

ヘリ　　相変わらず元気にやってます。
　　　　セリも二人に会いたがってましたよ。
　　　　あっ、セリに日本に着いたこと、連絡しないと。

愛　　　韓国の携帯、使えるの？

ヘリ　　はい、日本に着いたらすぐ使えるように、韓国の空港で契約してきました。

愛　　　さすが！準備がいいね。

ミンス　それにしてもすごい荷物だな。何をこんなに持ってきたの？

ヘリ　　ほとんどお土産。
　　　　久しぶりに会う友達に韓国のお土産、たくさん買ってきたんだ。

到着 Arrivals

★ 본문 회화를 큰 소리로 읽어 봅시다.

★ 다른 사람과 짝이 되어 함께 말해 봅시다.

단어

わざわざ 일부러　**助かる** 살아나다, 도움이 되다　**遠回り** 멀리 돌아감　**相変わらず** 변함없이, 여전히　**携帯** 휴대폰　**契約** 계약
それにしても 그건 그렇고, 그렇다고 해도　**こんなに** 이렇게　**お土産** 기념품, 특산물

1 空港で久しぶりに会う

1) 〜たがる ~하고 싶어 하다

「〜たがる」는 '희망'을 나타내는 조동사 「〜たい」의 동사형이다. 주어가 1인칭이나 2인칭일 때는 「〜たい」를 사용하고 주어가 3인칭일 때는 「〜たがる」를 사용한다. 같은 의미를 나타내는 형식이지만 「〜たい」는 형용사로 활용하고 「〜たがる」는 동사로 활용한다. 「〜たがる」는 동사형이므로 조사는 「〜を」를 사용한다.

A キムさんは新しいパソコンを買いたがっているそうです。
김 씨는 새 컴퓨터를 사고 싶어 한다고 해요.

B 私も新しいノートパソコンがほしいです。 저도 새 노트북을 갖고 싶어요.

A 新婚旅行はどちらへ？ 신혼여행은 어디로?

B まだ決まっていません。夫はヨーロッパへ行きたがっていますが、私はハワイに行きたくて…。 아직 안 정해졌어요. 남편은 유럽에 가고 싶어 하는데, 저는 하와이에 가고 싶어서….

2) 〜ように ~하도록

「〜ように」는 어떤 목적이 실현되도록 '의도'한다는 의미로 '~하도록'이라고 해석한다. 긍정 표현에서는 주로 자동사나 가능의 의미를 가진 동사의 사전형에 접속하는 경우가 많다. 부정 표현으로 '~하지 않도록'이라는 의미를 나타낼 때는 동사의 「〜ない」형에 접속한다.

A 風邪、大丈夫ですか。 감기 괜찮아요?

B はい。早く治るように注射を打ってもらいました。 네, 빨리 낫도록 주사를 맞았어요.

A キムさん、日本語スピーチ大会に参加してみませんか。
김 씨, 일본어 말하기 대회에 참가해 보지 않을래요?

B う〜ん、まだ無理だと思います。でも、もっと日本語ができるように頑張って来年はぜひ参加したいと思います。
음, 아직 무리라고 생각해요. 하지만 더욱 일본어를 잘 할 수 있도록 노력해서 내년에는 꼭 참가하고 싶어요.

3 〜てくる ~하고 오다, ~해 오다, ~해지다

「〜てくる」는 화자의 시점을 기준으로 동사의 종류에 따라서 공간적인 이동의 방향성을 나타내거나, 사건의 시간적인 추이나 전개를 나타낸다.

A この薬、日本のものですか。 이 약 일본 것인가요?

B はい。よく効くので、日本に行った時は必ず買ってきます。
네. 잘 들어서 일본에 갔을 때에는 반드시 사 와요.

A 2、3年前から日本語を学ぶ人が増えてきましたね。
2, 3년 전부터 일본어를 배우는 사람이 늘어났네요.

B そうですね。日本語を勉強して日本への就職を希望しているケースも多くなりましたね。 그러네요. 일본어를 공부해서 일본에서 취직하려고 희망하고 있는 경우도 많아졌네요.

 단어

新婚 신혼 **ヨーロッパ** 유럽(지명) **ハワイ** 하와이(지명) **注射を打つ** 주사를 맞다 **スピーチ** 연설, 발표 **大会** 대회
参加する 참가하다 **効く** 효과가 있다 **学ぶ** 배우다 **増える** 늘다, 늘어나다 **就職** 취직 **希望する** 희망하다 **ケース** 케이스, 경우

 마스터

○ 다음 문장에서 한국어로 되어 있는 부분을 일본어로 바꾸어 말해 봅시다. 🎧 TRACK 06

① 母もこの映画を 보고 싶어 하고 있습니다.

② 友達もおしゃれで安い靴を 사고 싶어 하고 있습니다.

③ 妹もあそこのカフェで 쉬고 싶어 하고 있습니다.

○ 밑줄 친 부분의 표현을 바꾸어 말해 봅시다. 🎧 TRACK 07

この料理を作る ｜ 作り方をメモする
→ 一人でこの料理が作れるように、作り方をメモしています。

① 浴衣を着る ｜ 映像を見て練習する

→ _____

② この場所に行く ｜ 行き方を調べる

→ _____

⭐ 단어

おしゃれだ 멋지다　作り方 만드는 법　メモする 메모하다　浴衣 유카타, 여름용 홑겹옷　映像 영상　行き方 가는 법

○ 밑줄 친 부분의 표현을 바꾸어 대화해 봅시다. 🎧 TRACK 08

> たける　<u>事務室にこの書類を提出してくる</u>から、ここでちょっと待ってて。
> ゆい　　あ、もしよかったら、ついでに<u>私の書類も提出してきて</u>くれない？

① 今日のお昼を買う ｜ アイスコーヒーを買う

② 図書館で本を借りる ｜ この本を返す

○ 밑줄 친 부분의 표현을 바꾸어 대화해 봅시다. 🎧 TRACK 09

> たける　今日、荷物が多いね。
> りょうた　授業の後、すぐに<u>サッカー場に行ける</u>ように、<u>着替えと靴</u>を持ってきたんだ。
> たける　さすが！準備がいいね。そういえば、ともやも<u>サッカーしたがって</u>たよ。
> りょうた　そう？じゃ、ともやも誘ってみよう。

① プールで泳ぐ ｜ 水着とタオル ｜ プールで泳ぎたい

② 図書館で勉強する ｜ 本とパソコン ｜ 一緒に勉強したい

⭐ 단어

事務室 사무실　**書類** 서류　**提出** 제출　**ついでに** 하는 김에　**お昼** 점심, 점심밥　**アイス** 아이스, 얼음, 차가운　**サッカー場** 축구장
着替え 옷을 갈아입음, 갈아입을 옷　**そういえば** 그러고 보니　**誘う** 권하다　**水着** 수영복

○ 다음 글을 읽고 질문에 답해 봅시다.

海外旅行を楽しむ方法

みなさんは一人で海外旅行をしたことがありますか。私は、自分が好きなことにお金と時間をかけられるように、最近はよく一人で海外旅行をしています。例えば、私の友人は海外に行くと必ず免税店に行きたがります。でも私はブランド品に興味がありません。それで私は一人で海外旅行をする時、免税店ではなくスーパーによく行きます。スーパーでは日本にはない食べ物をたくさん買えます。また、スーパーに行けば現地の人のいつもの生活が見られるので楽しいです。おいしい食べ物を買ってきて、旅行後に日本でそれを食べれば、旅行の楽しかった時間を思い出すことができます。家族も海外で買った食べ物を食べたがるので、お土産はたくさん買います。それから私は旅行中、現地で新しい友人を作れるように、周りの人によく話しかけることを意識しています。現地の人とのコミュニケーションも、海外旅行を楽しむ一つの方法だと思います。

① 「私」の家族は何をしたがりますか。
- ☐ 一人で海外旅行をしたがる
- ☐ 海外の免税店に行きたがる
- ☐ 海外で買った食べ物を食べたがる
- ☐ 海外のスーパーに行きたがる

② どうすれば、旅行の楽しかった時間を思い出すことができますか。
_____ば、思い出すことができます。

③ 「私」は旅行中、どんなことを意識していますか。
_____ように、_____
_____ことを意識しています。

単어

海外 해외　**楽しむ** 즐기다　**方法** 방법　**かける** (시간·비용·노력을) 들이다　**友人** 친구　**免税店** 면세점　**ブランド品** 브랜드 제품
現地 현지　**話しかける** 말을 걸다　**意識する** 의식하다　**コミュニケーション** 커뮤니케이션, 의사소통

쓰기 마스터

○ 다음 예문과 같이 「〜ように」와 「〜てくる」를 사용해 여행을 갈 때 어떤 준비를 하는지에 대해 작문해 봅시다.

> 飛行機の中で寒くないように、カーディガンを準備します。
> 本屋でガイドブックを買ってきて、行きたいところをチェックします。

旅行の準備

_____
_____
_____
_____
_____
_____
_____
_____
_____

○ 작문한 내용을 서로 발표해 봅시다.

⭐ 단어

カーディガン 카디건   ガイドブック 가이드북

 일본어 표현 즐기기

형용사의 동사화

「〜たい(〜하고 싶다) → 〜たがる(〜하고 싶어 하다)」와 같이 일부 형용사는「〜がる」를 붙여 동사화 할 수 있다. 자주 사용하는 어휘를 살펴보자.

형용사		동사	
ほしい	갖고 싶다	ほしがる	갖고 싶어 하다
悔しい	분하다	悔しがる	분해하다
寂しい	외롭다	寂しがる	외로워하다
悲しい	슬프다	悲しがる	슬퍼하다
かわいい	귀엽다	かわいがる	귀여워하다
痛い	아프다	痛がる	아파하다
嫌だ	싫다	嫌がる	싫어하다

이와 같이 주로 말하는 사람의 감정을 나타내는 형용사의 경우「〜がる」를 붙여서 동사화되는 경우가 많다. 그러나「嫌だ(싫다) → 嫌がる(싫어하다)」는 사용되지만「好きだ(좋아하다) → 好きがる(좋아하다)」라고는 사용하지 않는 것처럼 감정을 나타내는 형용사가 전부 동사로 쓰이는 것은 아니므로 주의가 필요하다.

A 弟は新しい携帯電話をほしがっています。
남동생은 새 휴대전화를 가지고 싶어 해요.

B じゃあ、今度の誕生日プレゼントはもう決まりですね。
그럼 이번 생일 선물은 벌써 정해졌네요.

2

結婚式参加に関して相談する

학습 목표
1 목적 ~ために
2 물리적 이동, 상태 변화 ~ていく
3 부정 ~ずに

회화 워밍업

○ 그림을 보면서 들어 봅시다. 🎧 TRACK 10

日本の結婚式にジーンズで行ってもいいですか。

ジーンズはカジュアルすぎます。はかないほうがいいですよ。

○ 다음 단어를 참고해서 한국의 결혼식에 대해 묻고 답해 봅시다. 🎧 TRACK 11

> スニーカーをはいて行く │ 白いワンピースを着る │ 少し遅れて行く
> 黒いストッキングをはく │ 恋人と一緒に行く

パク　週末、友達の結婚式に行きます。
　　　＿＿＿＿＿＿＿＿＿＿＿＿＿＿＿＿＿＿てもいいですか。

田中　う～ん、＿＿＿＿＿＿＿＿＿＿＿＿＿＿＿＿＿＿ないほうがいいですよ。

⭐ **단어**

結婚式 결혼식　**ジーンズ** 청바지　**カジュアル** 캐주얼, 편한 옷차림　**スニーカー** 스니커　**恋人** 연인　**週末** 주말

○ 대화를 잘 듣고 아래 질문에 답해 봅시다. 🎧 TRACK 12

> たける　このマグカップとあのワイングラス、どっちがいいと思う？
> ゆい　　_____①_____いとこにプレゼントするんだよね？
> たける　うん。家でよく使うもののほうがいいよね。
> ゆい　　だったらマグカップ。
> 　　　　ワイングラスよりマグカップ_____②_____と思うよ。
> たける　そうか。じゃあ、これにする。
> ゆい　　ちょっと待って。
> 　　　　同じ色じゃなくて、違う色を買ったほうがいいんじゃない？
> たける　確かに！同じ色だと、誰のか_____③_____ね。

1　대화문의 빈 칸에 들어갈 알맞은 말을 써 봅시다.

① _____

② _____

③ _____

2　대화의 내용에 대한 다음 질문에 답해 봅시다.

① たけるはどうしてマグカップを買うことにしましたか。

_____

② どうして違う色のマグカップを買いましたか。

_____

⭐ 단어

マグカップ 머그컵　ワイングラス 와인글라스　いとこ 사촌　～よね ～(이/하)지?, ～(인/하는) 거지?(확인)　～より ～보다
確かに 분명히, 틀림없이

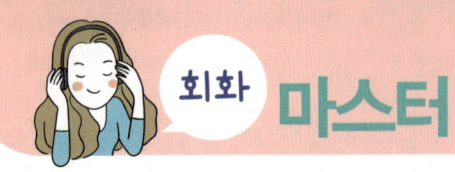

● 일본 결혼식 참석에 대해 해리에게 조언하는 민수와 아이　TRACK 13

愛　　今回、結婚式に出るために日本に来たんだよね？

ヘリ　はい、サークルの先輩が結婚するんです。

愛　　結婚式に着ていく服は持ってきた？

ヘリ　いいえ、どんな服を着ていけばいいかわからなくて、買わずに来たんです。
　　　明日友達と買いに行こうと思っています。

愛　　韓国よりいろいろ細かいルールがあるから、大変だよね。

ミンス　ご祝儀入れる封筒、準備して来た？

ヘリ　え、封筒？

愛　　そうそう。
　　　結婚式用の特別な封筒があるから、買っておかないとね。

ヘリ　知りませんでした。他に何か気をつけることがありますか。

ミンス　金額も韓国とは全然違うよ。
　　　友達だったら3万円包むのが普通だから。

ヘリ　さ、3万円！！！

★ 본문 회화를 큰 소리로 읽어 봅시다. ★ 다른 사람과 짝이 되어 함께 말해 봅시다.

단어

今回 이번　**サークル** 서클, 동아리　**細かい** 자세하다, 자잘하다　**ルール** 룰, 규칙　**祝儀** 축의(금)　**封筒** 봉투　**そうそう** 맞아 맞아
金額 금액　**包む** 싸다. (축의금 등을) 봉투에 넣어 건네다　**普通だ** 보통이다, 일반적이다

2 結婚式参加に関して相談する | 25

문법 마스터

1) ～ために　～하기 위해서

「～ために」는 동사의 사전형에 접속하면 '목적'을 나타낸다. 「～ために」는 목적 외에도 원인을 나타내는 경우가 있는데 목적을 나타낼 때에는 앞의 절과 뒤의 절의 주어가 동일하다는 특징을 갖고 있다. 또한 목적의 경우에는 앞의 절에 자신의 의지로 실현 가능한 내용이 오는 것이 일반적이다.

A　日本に留学した時にお花も習ったんですか。 일본에서 유학할 때 꽃꽂이도 배웠나요?

B　はい、花も好きだし、日本の文化を理解するために、教室に通っていました。
　　네, 꽃도 좋아하고 일본문화를 이해하기 위해서 강습에 다녔어요.

A　私は、食べたいものを食べるために運動しているんです。
　　저는 먹고 싶은 것을 먹기 위해서 운동하고 있어요.

B　それはいいですね。体重を落とすために運動するより、うんと幸せな気分になりますね。
　　그거 좋네요. 체중을 줄이기 위해서 운동하는 것 보다 훨씬 행복한 기분이 되겠네요.

2) ～ていく　～하고 가다, ～해가다, ～(도전)해 나가다

「～ていく」는 「～てくる」와 마찬가지로 화자의 시점을 기준으로 동사의 종류에 따라서 공간적인 이동의 방향성을 나타내거나, 사건의 시간적인 추이나 전개를 나타낸다. 「～てくる」와는 대립적인 개념이다.

A　夕べは涼しかったので、家まで歩いていくことにしました。
　　어젯밤은 시원해서 집까지 걸어가기로 했습니다.

B　運動にもなるし、満員電車で疲れるより健康的でいいかもしれませんね。
　　운동도 되고 만원 전철에서 지치는 것보다 건강에도 좋을 것 같아요.

A　山登りの魅力って何でしょうか。 등산의 매력이란 뭘까요?

B　季節によって山の景色も変わっていくので、訪れるたびに美しい風景が楽しめることですね。
　　계절에 따라 산의 경치도 달라져서 갈 때마다 아름다운 풍경을 즐길 수 있는 것이겠네요.

3 〜ずに 〜하지 않고

「〜ずに」는 고전어의 '부정'의 의미를 나타내는 조동사「〜ず」에 조사「〜に」가 접속된 형태로서 현대어의「〜ないで(〜하지 않고)」에 해당한다. 참고로 단독으로 사용되는「〜ず」는 원인 또는 이유를 나타내는「〜なくて(〜하지 않아서)」의 의미를 나타낸다.

동사 종류	활용 방법	활용 형태
u 동사	마지막 모음 [-u]를 [-a]로 바꾸고「ず(に)」를 접속한다.	会う 만나다 → 会わず(に) 만나지 않고 行く 가다 → 行かず(に) 가지 않고 泳ぐ 헤엄치다 → 泳がず(に) 헤엄치지 않고 話す 말하다 → 話さず(に) 말하지 않고 待つ 기다리다 → 待たず(に) 기다리지 않고 死ぬ 죽다 → 死なず(に) 죽지 않고 呼ぶ 부르다 → 呼ばず(に) 부르지 않고 読む 읽다 → 読まず(に) 읽지 않고 帰る 귀가하다 → 帰らず(に) 귀가하지 않고
ru 동사	어미「る」를 떼고「ず(に)」를 접속한다.	見る 보다 → 見ず(に) 보지 않고 食べる 먹다 → 食べず(に) 먹지 않고
불규칙 동사	형태 자체가 바뀐다.	する 하다 → せず(に) 하지 않고 来る 오다 → 来ず(に) 오지 않고

A 昨日ちゃんとメールを読まずに約束の場所に行って、長時間待ちました。
어제 메일을 제대로 읽지 않고 약속 장소에 가서 오랜 시간 기다렸습니다.

B 実は私もこの前、約束の時間を間違えて、友達を2時間も待たせてしまいました。 실은 저도 요전에 약속 시간을 잘못 알아서 친구를 2시간이나 기다리게 하고 말았어요.

★ 단어

留学 유학   お花 꽃꽂이   理解する 이해하다   体重を落とす 체중을 줄이다   うんと 훨씬   幸せだ 행복하다, 다행이다   満員 만원
健康的 건강에 좋음, 건강함   〜かも 〜일지도   山登り 등산   魅力 매력   〜って 〜란, 〜는   〜によって 〜에 의해, 〜에 따라
訪れる 방문하다   〜たび 〜(할) 때   風景 풍경   ちゃんと 제대로   長時間 장시간   実は 실은, 사실은

# 말하기 마스터

○ 다음 문장에서 한국어로 되어 있는 부분을 일본어로 바꾸어 말해 봅시다. 🎧 TRACK 14

① <u>아침밥을 먹지 않고 와서</u>、お腹がすきました。

② <u>숙제를 하지 않고 학교에 와서</u>、先生に注意されました。

③ <u>일기예보를 안 보고 와서</u>、傘を持ってきませんでした。

○ 밑줄 친 부분의 표현을 바꾸어 말해 봅시다. 🎧 TRACK 15

> 犬の散歩をする
> → <u>犬の散歩をする</u>ために、毎朝６時に起きています。

① 家族の朝ご飯を作る

→ _____

② 混んでいない電車に乗る

→ _____

○ 밑줄 친 부분의 표현을 바꾸어 대화해 봅시다. 🎧 TRACK 16

> ゆい　ちょっと時間ある？あそこのカフェでコーヒーを飲んでいかない？
> れな　いいね、そうしよう。

① 近くのスーパー ｜ 夕飯の材料を買う

② セールをしているお店 ｜ かわいい服がないか見る

○ 밑줄 친 부분의 표현을 바꾸어 대화해 봅시다. 🎧 TRACK 17

> たける　歩いていくのは大変だから、バスに乗ろう。
> ゆい　どうして？
> たける　前、バスに乗らずに行って、本当に大変だったんだ。
> ゆい　そうなんだ。先に聞いておいてよかった。

① 重い荷物を持つ ｜ 郵便で送る ｜ 郵便で送る

② サンダルをはく ｜ ここで運動靴に替える ｜ 運動靴に替える

⭐ 단어

材料 재료　**セール** 세일　**郵便** 우편　**運動靴** 운동화　**替える** 바꾸다, 교환하다

 읽기 마스터

○ 다음 글을 읽고 질문에 답해 봅시다.

結婚式の招待状

日本では結婚式の約４か月前から、招待状を準備していきます。そして結婚式の２、３か月前に招待状を送ります。招待状を送る前に結婚をすることを伝えて、送ってもいいか確認する場合も多いです。大切な招待客や日常的によく会う人には、持っていって直接渡すほうがいいです。招待状の文章でも個性が出ますが、さらに個性を出すために、専門の会社に頼まずに自分たちで招待状を作る人もいます。大変ですが、安い値段で作れます。招待状を受け取った人は、出席できるかできないかを返信用のはがきで知らせます。一人一人の会場の席を決めるために必要な情報なので、結婚式の１か月前には返信しなくてはいけません。つまり、出席するかしないかを連絡せずに結婚式に行くことは、日本ではありません。はがきで返信をする時も、ルールがたくさんあります。例えば、字は黒い色でなくてはいけません。また、使われている尊敬語の表現も消さなくてはいけません。

① 結婚式の招待状を自分たちで作るのはどうしてですか。
  □ 結婚式に来てもらうため   □ 個性を出すため
  □ 結婚式の準備をするため   □ 専門の会社に頼むため

② 日常的によく会う人には、招待状をどのように渡したらいいですか。
   送るより、＿＿＿＿＿＿＿＿＿＿＿＿＿＿＿＿＿＿＿＿ほうがいいです。

③ 日本では何をせずに結婚式に行くことはない、と言っていますか。
   ＿＿＿＿＿＿＿＿＿＿＿＿＿＿＿＿＿＿＿結婚式に行くことはありません。

⭐ 단어

招待状 초대장 約〜 약~ 確認する 확인하다 招待客 초대 손님 日常的 일상적 直接 직접 個性 개성 さらに 게다가, 더욱
受け取る 받다 返信 답장, 회신 〜用 ~용 情報 정보 つまり 즉, 결국 尊敬語 존경어 表現 표현

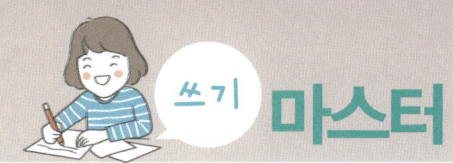

쓰기 마스터

○ 다음 예문과 같이 「〜ために」와 「〜ずに」를 사용해 일상생활의 습관에 대해 작문해 봅시다.

> ぐっすり寝るために、私は9時以降コーヒーを飲みません。
> 週末は朝ごはんを食べずに、10時ごろブランチを食べます。

日常生活の習慣

_____
_____
_____
_____
_____
_____
_____
_____

○ 작문한 내용을 서로 발표해 봅시다.

단어

ぐっすり 푹 잠든 모양　以降 이후　ブランチ 브런치, 아침 겸 점심　日常 일상

 일본어 표현 즐기기

「〜ために」와 「〜ように」의 차이

「〜ために(〜하기 위해서)」와 「〜ように(〜하도록)」는 둘 다 목적과 관련이 있기 때문에 한국인 일본어 학습자들은 종종 이 두 가지 형식을 혼동해서 사용하는 경우가 있다. 그러나 각각의 한국어 해석이 다르듯이 서로 문법적인 의미가 다르기 때문에 접속하는 동사의 종류에 차이가 생긴다.

「〜ために」는 그 자체로 목적을 나타내기 때문에 「〜ために」의 앞의 절에는 주로 실현 가능한 의지동사가 사용되는 경우가 많다.

반면 「〜ように」는 직접적인 목적이 아니라, 어떤 목적이 실현되기를 기대하는 의미를 나타내기 때문에 「〜ように」의 앞의 절에는 주로 자동사나 가능의 의미를 가진 동사, 즉 동작보다는 상태성을 가진 동사들이 오게 된다.

오용을 방지하기 위해서는 앞에 오는 동사가 먼저 동작성인지 상태성인지 살펴 볼 필요가 있다.

A　すごい！難しい漢字も読める**ように**なりましたね。
대단해! 어려운 한자도 읽을 수 있게 되었네요!

B　はい、日本語能力試験Ｎ１に合格する**ために**一生懸命頑張っています。 네. 일본어능력시험 N1에 합격하기 위해 열심히 공부하고 있어요.

 단어

能力 능력　　合格する 합격하다

3

カフェでランチセットを注文{ちゅうもん}する

학습 목표
1 시작과 완료 ～始める{はじ} / ～終わる{お}
2 형용사의 명사화 ～さ
3 존경과 미화의 お/ご

회화 워밍업

○ 그림을 보면서 들어 봅시다. TRACK 18

駅前のレストラン、どうでしたか。

値段は安かったですが、お店がきれいじゃありませんでした。

○ 다음 단어를 참고해서 새로 생긴 카페에 대한 감상을 말해 봅시다. TRACK 19

雰囲気はいい, 食べ物がまずい ｜ 店員は親切だ, 高い
若い人に人気だ, うるさい ｜ 安い, あまりおいしくない
メニューは多い, 量が少ない

パク 新しくオープンした駅前のカフェ、どうでしたか。

田中 _____かったですが/でしたが、

_____。

⭐ **단어**

駅前 역 앞　**雰囲気** 분위기　**人気** 인기　**メニュー** 메뉴　**量** 양　**オープン** 오픈, 개점, 개업

○ 대화를 잘 듣고 아래 질문에 답해 봅시다. 🎧 TRACK 20

> たける　今日のお昼、何食べる？
> ゆい　　う～ん。＿＿＿①＿＿＿、辛い物が食べたいな。
> たける　いいね。辛い物だったら、タイ料理はどう？
> ゆい　　タイ料理食べたい！どこか知ってるお店ある？
> たける　うん。＿＿＿②＿＿＿お店はどう？
> 　　　　人気のお店だから人が多いんだけど、安くてとてもおいしいよ。
> ゆい　　あ！そのお店、＿＿＿③＿＿＿。
> たける　じゃあ、そこに行こう。

1　대화문의 빈 칸에 들어갈 알맞은 말을 써 봅시다.

① _____

② _____

③ _____

2　대화의 내용에 대한 다음 질문에 답해 봅시다.

① ゆいはどうして辛い物が食べたいと言っていますか。

_____

② たけるは駅前のタイ料理のお店をどうだと言っていますか。

_____

⭐ 단어

タイ 태국　～けど ～지만, 그렇지만

회화 마스터

○ 오랜만에 친구 사토미를 만나 식사 주문을 하는 해리 🎧 TRACK 21

へリ　久しぶり！4か月ぶりだね。

聡美　ほんと！ヘリ、髪伸びたね。その長さ、すごく似合ってる。

へリ　ありがとう。聡美、このお店、前から来たがってたよね。

聡美　うん、ヘルシーなメニューが多くて有名だから、来てみたかったんだ。

店員　ご注文はお決まりでしょうか。

へリ　私はこのカレーセット。サイドはスープにします。
　　　飲み物は緑茶をお願いします。

聡美　私もカレーセットで、サイドはデザートをお願いします。
　　　飲み物はホットコーヒーで。
　　　飲み物は二つとも食後にしてください。

店員　かしこまりました。カレーセットをお二つ、サイドはスープとデザートおひとつずつ、お飲み物は緑茶とホットコーヒーですね。
　　　お飲み物はお食事の後にお持ちいたします。

(注文したカレーが来る)

へリ　この辛さ、くせになるね。食べ始めると止まらなくなる。

聡美　ほんとだね。おいしくて、私、もう食べ終わっちゃった。

★ 본문 회화를 큰 소리로 읽어 봅시다.

★ 다른 사람과 짝이 되어 함께 말해 봅시다.

단어

~ぶり ~만, ~만에　伸びる 늘어나다, 자라다　長さ 길이　ヘルシー 건강함　注文 주문　お決まり 결정, 정함　サイド 사이드 (메뉴)
緑茶 녹차　デザート 디저트, 후식　ホット 뜨거운, 따뜻한　~とも 다, 모두　食後 식후　辛さ 매움, 매운 맛　くせ 버릇
食べ始める 먹기 시작하다　食べ終わる 다 먹다　~ちゃった ~해 버렸다

3 カフェでランチセットを注文する

1 ～始める/～終わる ~하기 시작하다 / 다 ~(하)다

일본어에서는 「동사(ます형) + 동사」의 형태를 가진 복합동사가 자주 사용되는데 결합하는 동사에 따라 의미가 다양하다. 그 중에서 「始める(시작하다)」「続ける(계속하다)」「終わる(끝나다)」는 복합동사를 구성해도 원래의 동사가 가진 의미가 그대로 적용되어 「～始める」는 '시작상'을, 「～続ける」는 '진행상'을, 「～終わる」는 '종료상'을 나타낸다.

A ジムに通い始めて2か月経ちますが、なかなか体重が減らなくて…。
체육관에 다니기 시작한 지 2개월이 지났는데, 좀처럼 체중이 줄지 않아서….

B 2か月ぐらいから効果が出始めるらしいから、これからですよ。
2개월 정도부터 효과가 나타나기 시작한다고 하니까 이제부터예요.

A 貸した本、もう読み終わりましたか。 빌려 준 책, 이제 다 읽었나요?

B まだです。もう一週間借りてもいいですか。 아직이요. 1주일 더 빌려도 될까요?

2 ～さ ~함(형용사의 명사화)

「～さ」는 형용사를 명사형으로 만드는 형식이다. 「大きさ(크기), 高さ(높이), 重さ(무게)」, 「親切さ(친절함), 便利さ(편리함), 複雑さ(복잡함)」와 같이 어간에 직접 「～さ」를 붙이는 방법으로 접속 형태는 비교적 간단하다. 예외적으로 「いい」는 「よさ」가 된다.

A 富士山の高さ、何メートルか知っていますか。 후지산 높이 몇 미터인지 알고 있나요?

B はい、3776メートルです。「3 (み) 7 (な) 7 (な) 6 (ろ) (皆、なろう)」で覚えました。 네, 3776미터입니다. "모두, 되자" 라고 외웠어요.

A 家賃と交通の便利さ、どちらを重視して家を決めましたか。
집세와 교통의 편리함, 어느 쪽을 중시해서 집을 결정했나요?

B 私は交通の便利さを重視しました。 저는 교통의 편리함을 중시했습니다.

3 존경과 미화의 お/ご

「お〜」와 「ご〜」는 쓰임에 따라 '존경어'와 '미화어'로 구별된다. 다른 사람에게 사용하고 자신에게 사용하지 않으면 존경어로 해석되지만 단어를 품위 있게 사용하기 위해서 자신과 타인 구별 없이 사용하는 경우에는 미화어로 해석된다. 미화어는 주로 가정이나 음식에 관한 단어에 많이 접속하며 여성어에서 많이 볼 수 있지만 과용하면 반대로 위화감이 생긴다.
접속 형태를 보면 일본의 고유어의 경우는 「お〜」를 붙이고 한자어의 경우는 「ご〜」를 붙이는 것이 원칙이다. 그러나 일상에서 자주 사용되는 한자인 경우에는 「お電話, お食事, お約束」와 같이 「お〜」를 사용하고, 「ごゆっくり, ごもっとも」와 같이 고유어인데도 「ご〜」가 사용되는 경우가 있다.

A 恐れ入りますが、ここにお名前とご住所、そしてご連絡先をお願いします。
죄송하지만, 여기에 성함과 주소, 그리고 연락처를 부탁 드리겠습니다.

B あの、連絡先の電話番号は、携帯電話の番号でもかまいませんか。
저, 연락처의 전화번호는 휴대전화 번호여도 상관 없나요?

A 今日は私の大好きなおかずがいっぱい！ご飯、おかわり！
오늘은 내가 제일 좋아하는 반찬이 가득! 밥 더 주세요!

B このお漬物もおいしいよ。たくさん食べてね。 이 절임도 맛있어. 많이 먹어.

단어

ジム 체육관, 스포츠 클럽　経つ 지나다, 경과하다　減る 줄다, 줄어들다　効果が出る 효과가 나타나다　富士山 후지산(지명)　家賃 집세
重視する 중시하다　恐れ入る 죄송하다, 황송하다　連絡先 연락처　おかず 반찬　漬物 절임

# 말하기 마스터

○ 다음 문장에서 한국어로 되어 있는 부분을 일본어로 바꾸어 말해 봅시다. 🎧 TRACK 22

① バッグを買う時、私は特に 가벼움 を重視しています。

② 洋服を買う時、私は特に 저렴함 を重視しています。

③ 携帯電話を買う時、私は特に 사용하기 쉬움 を重視しています。

○ 밑줄 친 부분의 표현을 바꾸어 대화해 봅시다. 🎧 TRACK 23

> 店員　こちらにお客様のご住所をお願いします。
> お客　あ、はい。住所ですね。

① 所属

② 勤め先

⭐ **단어**

バッグ 백, 가방　　所属 소속　　勤め先 근무처, 직장

○ 밑줄 친 부분의 표현을 바꾸어 대화해 봅시다. 🎧 TRACK 24

> ゆい　　明日提出するレポート、もう書き終わった？
> たける　いや、まだ。実は今日書き始めたんだ。

① 公園の花 ｜ 咲く

② 先月貸した本 ｜ 読む

○ 밑줄 친 부분의 표현을 바꾸어 대화해 봅시다. 🎧 TRACK 25

> れな　そのお餅、最近よく食べているね。
> ゆい　れなも食べてみる？
> れな　どれどれ。あ、この甘さ、くせになるね。
> ゆい　うん。食べ始めたら止まらないよ。

① 豆腐 ｜ 柔らかい

② 漬物 ｜ しょっぱい

⭐ 단어

餅 떡　甘さ 달콤함, 단맛　どれどれ 어디 어디　豆腐 두부　柔らかい 부드럽다　しょっぱい 짜다

 읽기 마스터

○ 다음 글을 읽고 질문에 답해 봅시다.

お茶

皆さんは紅茶と緑茶、どちらが好きですか。実は、二つのお茶は同じ葉から作られています。お茶の葉は、摘まれた時から酸化が始まります。つまり、その時から色が変わり始めるということです。紅茶は葉を発酵させて作りますが、緑茶は発酵させません。緑茶にもたくさんの種類があります。緑色ではなく、黄色や茶色のものもあります。また、緑茶は何杯目かで味が変わります。そのため、1杯目は甘さを楽しみ、2杯目は渋さを楽しむことができます。3杯目は少し苦いので、苦手な人も多いようです。飲み終わった後は、お茶の葉を捨てないでください。捨てる前に、まだいろいろ使えます。例えば飲み終わったお茶の葉をパックに入れて、お風呂に入れるのもいい活用法です。いい匂いでリラックスできるだけでなく、体にいい成分がたくさん出るので、とても効果的です。みなさんも試してみてください。

① お茶の葉の色が変わり始めるのはいつですか。
- □ 2杯目の渋さを楽しむ時
- □ お茶の葉を発酵させる時
- □ 酸化が終わった時
- □ 木から摘まれた時

② 緑茶の1杯目と2杯目は、それぞれ何を楽しむことができますか。
　1杯目はお茶の_____を、2杯目は_____を楽しむことができます。

③ 飲み終わった後のお茶の葉は、どのように活用できますか。
　例えば、_____のもいい活用法です。

⭐ 단어

摘む 따다　**酸化** 산화　**発酵する** 발효하다　**種類** 종류　**緑色** 녹색　**黄色** 노란색　**渋さ** 떫은 맛　**そのため** 그 덕에, 그 때문에　**苦手だ** 잘못하다, 좋아하지 않다　**パック** 팩　**活用法** 활용법　**リラックス** 릴랙스　**成分** 성분　**効果的** 효과적　**試す** 시험해 보다　**活用する** 활용하다

쓰기 마스터

○ 다음 예문과 같이 「～始める」와 「～終わる」를 사용해 최근 시작한 일과 끝낸 일에 대해 작문해 봅시다.

> ダイエットのために、野菜を食べ始めました。
> 日本語の初級の教科書を全て勉強し終わりました。

最近始めたことと終わったこと

_____
_____
_____
_____
_____
_____
_____
_____

○ 작문한 내용을 서로 발표해 봅시다.

⭐ **단어**

ダイエット 다이어트, 식이 제한　**初級** 초급　**教科書** 교과서　**全て** 전부

「〜さ」와 「〜み」의 차이

「〜さ」도 「〜み」도 일본어의 형용사에 붙어서 명사형을 만들 수 있지만 접속 범위와 뉘앙스가 다르다. 「〜さ」는 「高さ(높이)」「親切さ(친절함)」와 같이 い형용사와 な형용사 모두 접속 가능하며 사용되는 형용사의 범위가 비교적 광범위하다. 「〜み」도 「〜さ」와 마찬가지로 형용사의 어간에 접속하지만 「〜さ」와 달리 い형용사의 일부에만 한정적으로 사용되는데 주로 감각에 관련된 것이 많다.

	「〜み」가 붙는 형용사
시각	赤み(빨강) 白み(하양) 青み(파랑)
후각	臭み(고약함, 고약한 냄새)
미각	甘み(달콤함) 苦み(씁쓸함) 辛み(매움)
촉각	厚み(두꺼움) 温かみ(따뜻함)

다음으로 의미를 보면 「〜さ」는 '질이나 양의 정도에 중점을 둔 명사형'을 나타내며 「〜み」는 '특징 자체를 감각적으로 나타낸 명사형'으로 화자의 주관적, 추상적인 개념을 나타낸다. 따라서 두 가지 형태를 모두 취하는 형용사의 경우 예를 들어 「重さ」는 측량 가능한 '무게'이며 「重み」는 추상적으로 느끼는 '무게감'을 나타낸다.
참고로 「苦しみ」「悲しみ」「楽しみ」는 각각 「苦しむ」「悲しむ」「楽しむ」라는 동사를 명사화한 것으로 유래 과정이 다르다.

> A 日本のお祭りからは伝統の**重み**が伝わってきますね。
> お御輿の**重さ**はどのくらいですか。
> 일본의 축제에서는 전통의 무게감이 전해져 오네요. 가마의 무게는 어느 정도인가요?
> B このお御輿の重量は700キロ程度ですよ。
> 이 가마의 중량은 700킬로그램 정도예요.

 단어

苦しみ 괴로움　**悲しみ** 슬픔　**祭り** 축제　**伝統** 전통　**重み** 무게　**伝わる** 전해지다　**神輿** 가마　**重量** 중량, 무게

4

間違いを指摘する
まちがいをしてき

학습 목표
1. 형용사의 부사형
2. 경우 〜ことがある
3. 생략 표현 〜け(れ)ど

회화 워밍업

○ 그림을 보면서 들어 봅시다. 🎧 TRACK 26

○ 다음 단어를 참고해서 상대방의 사과 및 제안에 대해 2가지 이유를 들어 괜찮다고 답해 봅시다.
🎧 TRACK 27

> 高いものじゃない ｜ 家にハンカチはたくさんある ｜ 汚れもあまりわからない
> もともと少し汚れていた ｜ 洗濯すれば汚れはとれそうだ

田中　本当にごめんなさい。パクさんのハンカチ、汚してしまいました。
　　　新しいのを買いますので、買ったお店を教えてください。

パク　でも、＿＿＿＿＿＿＿＿＿＿＿し、＿＿＿＿＿＿＿＿＿＿＿から、
　　　新しいのを買わなくても大丈夫ですよ。気にしないでください。

⭐ 단어

プリント 프린트(물), 인쇄물　課題 과제　汚れ 더러움, 오점, 얼룩　もともと 원래, 본디　とれる 빠지다, 없어지다　汚す 더럽히다

○ 대화를 잘 듣고 아래 질문에 답해 봅시다. 🎧 TRACK 28

たける	待った？お店にお客が多くて、＿＿＿①＿＿＿。
	はい、これ、ゆいのコーヒー。
ゆい	あれ？私、アイスコーヒー…。
たける	あ！ごめん。間違ってホットコーヒー＿＿＿②＿＿＿。
	僕のコーヒー、アイスカフェラテだから、僕のをあげるよ。
ゆい	ううん、大丈夫。さっきはちょっと暑かったけど、今はもう暑くないから。
	買ってきてくれて、ありがとう。
たける	本当にごめん。アイスカフェラテ、＿＿＿③＿＿＿言ってね。

1 대화문의 빈칸에 들어갈 알맞은 말을 써 봅시다.

① _____

② _____

③ _____

2 대화의 내용에 대한 다음 질문에 답해 봅시다.

① たけるがコーヒーを買う時、どうして時間がかかりましたか。

_____

② ゆいはどうしてホットコーヒーでも大丈夫ですか。

_____

⭐ 단어

お客 손님   間違う 틀리다   アイスカフェラテ 아이스 카페라떼

○ 주문과 다른 음료가 나와 직원에게 이야기하는 해리　🎧 TRACK 29

ヘリ　あれ、私、緑茶頼んだよね？これ、緑茶じゃないんだけど。

聡美　え、どれ？確かにこれ、緑茶じゃなくて、ハーブティーだね。
　　　(店員に向かって) すみません！
　　　これ、注文したのと違うんですけど。

店員　申し訳ございません。ええと…。

ヘリ　私、緑茶を頼んだんですけど、これ、ハーブティーで…。

店員　大変申し訳ございません。新しく緑茶をお持ちいたします。

ヘリ　あ、でも、もう飲んじゃったし、2杯も飲めないから、大丈夫です。

店員　大変申し訳ございませんでした。
　　　でしたら、セットのお代金から少し割引いたします。

ヘリ　そうですか？ありがとうございます。

聡美　へ～、よかったね。
　　　こんなふうに割引してもらえることがあるんだね。

ヘリ　安く食べられてラッキーだったね。

★ 본문 회화를 큰 소리로 읽어 봅시다.　　★ 다른 사람과 짝이 되어 함께 말해 봅시다.

단어

ハーブティー 허브티　注文する 주문하다　申し訳ない 죄송하다, 면목없다　~じゃう(~ちゃう의 음변화) ~해 버리다, ~하고 말다
でしたら 그렇다면　代金 대금　割引する 할인하다　こんなふうに 이런 식으로　ラッキー 행운, 운이 좋음

4 間違いを指摘する

1 형용사의 부사형

형용사는 기본적으로 사람이나 사물의 속성, 상태를 표현하는 말로 주로 명사를 수식하지만 형태를 바꾸어 부사처럼 술어를 수식할 수도 있다. い형용사는 어미 「〜い」를 「〜く」로 바꾸고, な형용사는 어간 뒤에 「〜に」를 붙이면 부사형이 된다.

A この魚をおいしく食べるコツ、ありますか。 이 생선을 맛있게 먹는 요령 있나요?

B フライとか天ぷらとか、油を使って料理をすればもっとおいしく食べられます。 프라이라든가 덴푸라라든가, 기름을 사용해서 요리하면 더욱 맛있게 먹을 수 있습니다.

A 漢字をきれいに書くコツは何ですか。 한자를 예쁘게 쓰는 요령은 무엇인가요?

B 筆順どおりに書けば筆の運びが自然になって美しく書くことができます。
필순대로 쓰면 붓의 움직임이 자연스러워져 아름답게 쓸 수 있습니다.

2 〜ことがある ~하는 경우가 있다

「〜ことがある」는 동사의 사전형에 접속하여 때때로 또는 가끔 어떤 일이 일어나는 '경우'가 있다는 것을 나타낸다.

A あれ、おかしいな。振り込みができません。 어라, 이상하네. 입금이 되지 않아요.

B 長期間利用しなかった場合、振り込みや引き出しが制限されることがあるそうですよ。 장기간 이용하지 않은 경우에는 입금이나 인출이 제한되는 경우가 있다고 해요.

A インターネットで服をよく買いますか。 인터넷에서 옷을 자주 사나요?

B はい、よく買います。でも、ネットで注文する時は、写真と実物の色が違うことがあるので、気をつけています。
네, 자주 사요. 하지만 인터넷에서 주문할 때에는 사진과 실물의 색이 다른 경우가 있어서 주의하고 있어요.

3 〜け(れ)ど   생략 표현

일본어에서는 화자가 전달하고자 하는 내용 모두를 끝까지 언어로 표현하지 않고 문법적으로는 미완성인 상태로 문장을 종결하는 생략표현이 자주 사용된다. 생략표현은 마지막까지 확실하게 단정하지 않음으로써 발화를 완화시키거나 상대방의 반응을 관찰하면서 커뮤니케이션을 하기 위한 일본어의 특징이라고 말할 수 있다. 특히「〜け(れ)ど」나「〜が」등 역접을 나타내는 접속사로 끝을 맺는 경우에는 상대방의 인식에 영향을 줄 만한 정보를 암시하는 경우가 많다.

A おしゃべりな人は一緒にいて疲れますよね。 말이 많은 사람은 함께 있으면 지치게 돼요.

B でも、何にも話さないよりはましだと思う**けど**。
하지만, 아무 말도 하지 않는 것보다는 낫다고 생각하는데…

A このコンピューター、動かないんだ**けど**。 이 컴퓨터 작동하지 않는데…

B しばらく様子を見ていたら回復するケースもけっこうあるよ。10分ぐらい待ってみたら？ 잠시 상태를 보고 있으면 회복하는 경우도 꽤 있어. 10분 정도 기다려 보면 어때?

 단어

コツ 요령   **フライ** 프라이, 튀김   **油** 기름   **筆順** 필순   **〜どおり** 〜대로   **筆の運び** 붓놀림   **自然だ** 자연스럽다   **振り込み** 납입
長期間 장기간   **制限する** 제한하다   **ネット(インターネット)** 인터넷   **実物** 실물   **おしゃべりだ** 수다스럽다, 말이 많다
ましだ 더 낫다, 더 좋다   **しばらく** 잠시, 당분간   **様子** 모습, 상태   **回復する** 회복하다

말하기 마스터

○ 다음 문장에서 한국어로 되어 있는 부분을 일본어로 바꾸어 말해 봅시다. 🎧 TRACK 30

① パーティーをするので、料理を 빨리 만들어야지。

② 友達が遊びに来るので、部屋を 깨끗하게 청소했습니다。

③ がっかりしていた私を先生が 다정하게 위로해 주었습니다。

○ 밑줄 친 부분의 표현을 바꾸어 대화해 봅시다. 🎧 TRACK 31

> お客　あの、すみません。これ、<u>注文したの</u>と<u>違うメニュー</u>なんですけど。
> 店員　あ、申し訳ありません。

① 頼む ｜ サイズが違う

② 返品する ｜ 同じ商品だ

⭐ 단어

がっかりする 실망하다　なぐさめる 위로하다, 달래다　サイズ 사이즈, 크기　返品する 반품하다　商品 상품

○ 밑줄 친 부분의 표현을 바꾸어 대화해 봅시다. TRACK 32

田中　週末は何時に起きますか。
パク　だいたい8時に起きます。でも、たまに、遅く起きることもあります。

① 誰と遊ぶ ｜ 妹と遊ぶ ｜ 一人で遊ぶ

② どこでお昼ご飯を食べる ｜ 家で食べる ｜ 外食する

○ 밑줄 친 부분의 표현을 바꾸어 대화해 봅시다. TRACK 33

パク　お出かけですか。
田中　はい。ラーメンを食べに、さくら食堂に行くんです。
パク　平日の昼でも混むことがあるので、早く行ったほうがいいですよ。
田中　そうですか。では、そうします。

① イルカを見に、富士水族館 ｜ イルカに水をかけられる ｜ タオルを持っていく

② 絵を見に、美術館 ｜ あの美術館は室内でも寒い ｜ コートを着る

단어

平日 평일　イルカ 돌고래　富士 후지　水族館 수족관　水をかける 물을 뿌리다

 읽기 마스터

○ 다음 글을 읽고 질문에 답해 봅시다.

初めてのアルバイト

私が初めてしたアルバイトは、レストランの接客でした。初めてのアルバイトだったので、とても緊張して怒られることもよくありました。忙しい時には、あわててお皿を落として割ってしまったり、お客さんの洋服に飲み物をこぼしてしまったりしました。失敗が多くて落ち込むこともありましたが、そのたびに一緒に働く仲間や先輩たちが励ましてくれました。「初めてのことなんだから、失敗するのは当たり前。」これは、落ち込んだ時に先輩からかけてもらった言葉です。失敗が多かった私ですが、優しく仕事を教えてくれる先輩のおかげで、大学を卒業するころにはアルバイトのリーダーを務めるまでになりました。大学を卒業し、会社に入り、もう10年。今は、新しく会社に入った社員を教育する立場にいます。立場は変わりましたが、初めてアルバイトをした時の経験を忘れずに、失敗が多い私をあきらめずに熱心に教えてくれた先輩のようになりたいです。

① 「私」は初めてのアルバイトで、忙しい時、どんな失敗をしてしまいましたか。

☐ アルバイトに遅刻する　　☐ 失敗をして落ち込む
☐ お皿を落として割る　　　☐ 先輩の洋服に飲み物をこぼす

② アルバイトはいつも楽しかったですか。

いいえ、失敗が多くて_____。

③ 会社員になった「私」は今、どのようになりたいと思っていますか。

_____あきらめずに_____のようになりたいです。

⭐ 단어

接客 접객, 손님을 접대함　緊張 긴장　あわてる 당황하다　割る 깨다　こぼす 흘리다　落ち込む 울적하다, 침울해하다　仲間 동료
励ます 격려하다　当たり前 당연함　リーダー 리더, 대표　務める 역할을 맡다　社員 사원　立場 입장　あきらめる 포기하다
熱心だ 열심이다　遅刻する 지각하다

○ 다음 예문과 같이 형용사의 부사형과「〜ことがある」를 사용해 쇼핑할 때 주의할 점에 대해 작문해 봅시다.

> ブランドの洋服を安く買うために、私はよくアウトレットのお店に行きます。アウトレットの洋服はたまに汚れていることがあるので、買う前によく確認する必要があります。

買い物の工夫

_____
_____
_____
_____
_____
_____
_____
_____
_____

○ 작문한 내용을 서로 발표해 봅시다.

⭐ **단어**

アウトレット 아울렛, 할인 매장 **工夫** 궁리, 고안

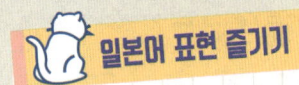

「〜ことがある」와 「〜たことがある」의 차이

「〜ことがある」는 접속하는 동사의 형태에 따라 의미가 달라진다. 동사의 사전형에 접속하면 때때로 또는 가끔 어떤 일이 일어나는 '경우'가 있음을 나타낸다. 반면 동사의 「〜た」형에 접속하면 「〜た」형이 과거나 완료를 나타내기 때문에 이전에 해 본 적이 있는지 없는지 '경험'의 유무를 서술할 때 사용된다. 문장의 의미를 잘 파악해서 경우인지 경험인지 구별해서 사용하자.

A 「畳の上の怪我」ってどういう意味ですか。
"다타미 위의 상처"는 어떤 의미인가요?

B いくら安全な場所でも思いがけない怪我をする**ことがある**という意味ですね。
아무리 안전한 장소에서도 생각하지 못하게 다치는 경우가 있다는 의미입니다.

A 今まで**手術を受けたことがありますか**。
지금까지 수술을 받은 적이 있습니까?

B 中学生の時一度**骨折をしたことはありますが、手術をしたことはありません**。 중학생 때 한 번 골절한 적은 있지만, 수술을 한 적은 없습니다.

⭐ 단어

〜って 〜란, 〜는   〜どういう 어떤   思いがけない 의외이다, 뜻밖이다   手術を受ける 수술을 받다   骨折 골절

5

洋服を試着する
ようふく　しちゃく

학습 목표
1. 상태 표현 〜ところ
2. 한정 〜しか(〜ない)
3. 혼잣말, 완곡 표현 〜かな

회화 워밍업

○ 그림을 보면서 들어 봅시다. 🎧 TRACK 34

○ 다음 단어를 참고해서 상대방에게 코디네이션 조언을 해 봅시다. 🎧 TRACK 35

> もっと明るい色 ｜ もう少し暗い色 ｜ 先週着ていた青いシャツ
> もっと落ち着いたデザイン ｜ もう少しカジュアルなデザイン

れな　デートに着ていこうと思ってるんだけど、このシャツ、どう思う？

ゆい　う〜ん。デートで着るなら、＿＿＿＿＿＿＿＿＿＿＿＿＿のほうが

　　　いいと思う。

⭐ 단어

デザイン 디자인　合わせる 맞추다　落ち着く 차분하다　デート 데이트

○ 대화를 잘 듣고 아래 질문에 답해 봅시다. 🎧 TRACK 36

ゆい	この靴、たけるに ____①____ ？ ちょっとはいてみたら？ どう？
たける	サイズはちょうどいい。でも、ちょっと色が派手じゃない？
ゆい	たけるはいつも暗い色の服を着ることが多いから、明るい色の靴もおしゃれだよ。
たける	そう？ こういうデザインの靴、前から ____②____ 。
ゆい	あ、あっちに同じデザインの茶色い靴もあるよ。
たける	本当だ。赤もいいけど、茶色もいいなぁ。
ゆい	茶色の靴を ____③____ 、私は持っていない色のを買うのもいいと思う。

1 대화문의 빈칸에 들어갈 알맞은 말을 써 봅시다.

① _____

② _____

③ _____

2 대화의 내용에 대한 다음 질문에 답해 봅시다.

① たけるはいつも、どんな服を着ることが多いですか。

_____

② ゆいは、どんな靴を買うのもいいと思っていますか。

_____

⭐ **단어**

派手だ 화려하다　こういう 이런　茶色い 갈색이다

5 洋服を試着する | 59

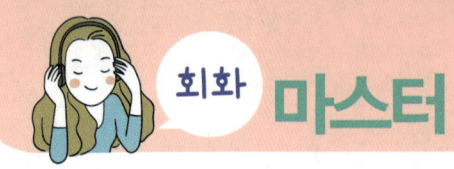

○ 사토미와 함께 결혼식에 입고 갈 옷을 사러 온 해리 🎧 TRACK 37

聡美　着たら出てきてね。

ヘリ　ちょっと待って。今着てるところ。
　　　どう？サイズはいい感じだけど。

聡美　すごくよく似合ってる！
　　　じゃあ、このワンピースに合わせるなら、靴もネイビーがいいね。

ヘリ　結婚式にはいていく靴にも、何かルールがあるの？

聡美　サンダルはダメ。
　　　あと、ヒールがない靴も避けたほうがいいよ。

ヘリ　なるほど。じゃあ、この靴にしようかな。
　　　これ、フォーマルな時しか使えないかな？

聡美　カジュアルな服に合わせれば、普段も使えると思うよ。

ヘリ　じゃあ、今日はいてきたスカートにも合う？

聡美　うん、かわいいと思う。

ヘリ　この靴、いろんな服に合わせられるから、お得だね。

★ 본문 회화를 큰 소리로 읽어 봅시다.

★ 다른 사람과 짝이 되어 함께 말해 봅시다.

단어

感じ 느낌　ネイビー 네이비, 남색　ヒール 굽　避ける 피하다　フォーマル 포멀한, 격식을 갖춘　普段 평소, 평상시　いろんな 다양한
得 득, 이득

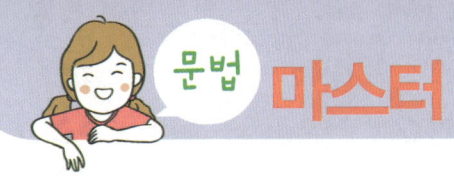

문법 마스터

1 ～ところ 상태 표현

「～ところ」는 다음과 같이 동사의 다양한 형태와 결합하여 사건이나 행위가 어떤 과정에 있는지를 나타낸다.

동사 형태	접속	의미	해석
현재형	동사의 사전형＋ところ	막 시작하려는 단계	막 ～하려는 참이다
현재 진행형	～ている＋ところ	한창 진행 중인 단계	지금 ～하고 있는 중이다
과거형	～た＋ところ	막 끝난 후의 단계	막 ～한 참이다

A 私は今、電車で家に向かっているところだけど、あなたは？
　나는 지금 전철로 집에 가고 있는 중인데, 당신은?

B 今家に着いたところ。 지금 집에 막 도착했어.

A 噂をしているところにちょうどナナちゃんが来たから、びっくりした。
　나나의 이야기를 하고 있는데 마침 딱 등장해서 깜짝 놀랐어.

B そういうこと、よくあるよね。 그런 경우 자주 있지.

2 ～しか（～ない） ～밖에 (없다)

「～しか」는 '한정'을 나타내는 조사로서 특정 사물이나 조건만을 들어 그것 외에는 모두 부정하는 의미를 나타낸다. 한국어의 '～밖에'와 마찬가지로 뒤에는 항상 부정문이 온다.

A 今回のプロジェクトでは、誰かが中心になって、みんなの能力を最大限に引き出さないと、成功できません。
　이번 프로젝트에서는 누군가가 중심이 되어서 모두의 능력을 최대한으로 끌어내지 않으면 성공할 수 없습니다.

B それができるのは山田さんしかいないね。 그게 가능한 사람은 야마다 씨밖에 없네.

A 好きなものしか食べない偏食は、やっぱり体に悪いのでしょうか。
좋아하는 것밖에 먹지 않는 편식은 역시 몸에 나쁜 걸까요?

B そうですね。体はいろんな食べ物をとることで維持されていますから、様々な種類の食材を食べないといけませんね。
그렇네요. 몸은 여러 음식을 먹는 것으로 유지되고 있기 때문에, 다양한 종류의 음식물을 먹어야 합니다.

3 ～かな ～(일/할)까, ～(이/하)려나

「～かな」는 의문을 나타내는 「～か」와 감탄을 나타내는 「～な」가 결합된 종조사로서 문말에 쓰여 주로 자기 자신에게 반문하는 뜻을 나타낸다. 그러나 상대방이 있는 경우에도 혼잣말처럼 사용해 상대방에게 완곡하게 의뢰의 의미를 전달하기도 한다. 회화체에서는 「～かなあ」와 같이 끝을 길게 발음하는 경우도 있다.

A はじめての一人暮らし、大丈夫かな。 난생 처음 혼자 사는 것 괜찮을까?

B 今はコンビニもあるし、一人で食べるお店も多いから、まずは食事がクリアできれば、あとはどうにかなるよ。心配しないで。
요즘은 편의점도 있고 혼자서 먹을 수 있는 가게도 많으니까, 우선은 식사가 해결되면 다음은 어떻게 될 거야. 걱정하지 마.

A あ～、面倒くさい。掃除と洗濯、誰か代わりにやってくれないかな。
아, 귀찮아. 청소랑 빨래, 누군가가 대신 안 해주려나.

B 誰かって誰よ？ 누군가라니 누구 말이야?

단어

噂 소문   そういう 그런   今回 이번   プロジェクト 프로젝트   中心 중심   最大限 최대한   引き出す 끌어내다
成功する 성공하다   偏食 편식   維持する 유지하다   食材 식재료   一人暮らし 혼자 삶   クリア 클리어, 해결
どうにか 어떻게든, 이럭저럭   面倒くさい 귀찮다, 번거롭다

 **말하기 마스터**

○ 다음 문장에서 한국어로 되어 있는 부분을 일본어로 바꾸어 말해 봅시다. 🎧 TRACK 38

① 今宿題を 시작하려는 참입니다。

② 今朝ご飯を 먹고 있는 참입니다。

③ 今映画が 끝난 참입니다。

○ 밑줄 친 부분의 표현을 바꾸어 말해 봅시다. 🎧 TRACK 39

> アイスクリームを食べる
> → 今年の連休はとても暑かったので、アイスクリームしか食べませんでした。

① 冷たい飲み物を飲む

　→ _____

② プールに行く

　→ _____

⭐ **단어**

アイスクリーム 아이스크림　　連休 연휴

○ 밑줄 친 부분의 표현을 바꾸어 대화해 봅시다. 🎧 TRACK 40

> たける この紅茶、レモンを入れてもおいしいかな？
> ゆい　 うん、おいしいと思うよ。はちみつを入れてもおいしいんじゃないかな。

① ミルクを混ぜてもおいしい ｜ う～ん、あまりおいしくない ｜ 何も混ぜないほうがおいしい

② 冷たい水で入れても大丈夫 ｜ うん、大丈夫だ ｜ 暑い日にちょうどいい

○ 밑줄 친 부분의 표현을 바꾸어 대화해 봅시다. 🎧 TRACK 41

> ゆい　 日本文化のレポート、終わった？
> れな　 ううん、まだ。今、インターネットで調べているところ。ゆいは？
> ゆい　 私もまだ。書き始めたところ。
> れな　 あと3日しか残ってないよ。

① パーティーに行く準備、できる ｜ ドレスを選ぶ ｜ 美容室の予約をする

② 沖縄旅行の計画、立てる ｜ ガイドブックを見る ｜ 旅行会社でパンフレットをもらってくる

⭐ 단어

はちみつ 꿀, 벌꿀　混ぜる 섞다　美容室 미용실　沖縄 오키나와(지명)　立てる 세우다　旅行会社 여행 회사, 여행사
パンフレット 팸플릿, 안내책자

 읽기 마스터

○ 다음 글을 읽고 질문에 답해 봅시다.

結婚式での服装のマナー

招待されて結婚式に出席する時、男性の服装にも女性と同様、様々なマナーがあります。基本的にはスーツにネクタイで行くことが多いですが、これらの色にも決まりがあります。ゲストは黒などの暗い色のスーツしか着てはいけません。白い色は新郎のスーツの色だからです。シャツは白、そして、ネクタイは白やパステルカラーのような明るい色を選びましょう。黒いスーツに黒いネクタイはお葬式のような暗いコーディネートになってしまうので、絶対に避けてください。一方、派手すぎる格好も結婚式にはふさわしくありません。例えば、派手な柄のスーツやシャツ、動物柄のネクタイなどです。この服装でいいかな？ と不安に思う人は、当日着ていく服を全部準備したところで、マナーに違反していないかもう一度チェックしてみてください。

① 結婚式に着て行ってもいいコーディネートを選んでください。
   □ 黒いスーツ・黒いネクタイ   □ 黒いスーツ・動物柄のネクタイ
   □ 暗い色のスーツ・パステルカラーのネクタイ
   □ 白いスーツ・パステルカラーのネクタイ

② ゲストが暗い色のスーツしか着てはいけないのは、どうしてですか。
   ＿＿＿＿＿＿＿＿＿＿＿＿＿＿＿＿＿＿＿＿＿＿＿＿＿＿＿＿からです。

③ 服装について不安に思う人はどうすればいいですか。
   ＿＿＿＿＿＿＿＿＿＿＿＿＿＿＿＿＿＿＿＿＿＿＿＿＿＿＿＿＿＿

⭐ 단어

服装 복장　マナー 매너, 예의　同様 같음, 마찬가지임　様々な 다양한, 여러 가지　基本的 기본적　決まり 규칙　ゲスト 손님
新郎 신랑　パステルカラー 파스텔컬러　葬式 장례식　コーディネート 코디네이트　絶対に 반드시　一方 한편
ふさわしい 어울리다, 적합하다　柄 무늬　不安だ 불안하다　当日 당일　違反する 위반하다

○ 다음 예문과 같이 「〜ところだ」와 「〜しか」를 사용해 자신의 취미에 대해 작문해 봅시다.

> 私は4月からギターを習っています。
> 今月で、ちょうど5曲マスターしたところです。
> まだ遅い曲しかひけませんが、来年は早い曲にも挑戦したいです。

最近の趣味

_____
_____
_____
_____
_____
_____
_____
_____

○ 작문한 내용을 서로 발표해 봅시다.

⭐ **단어**

曲 곡   マスター 마스터, 습득함   挑戦する 도전하다

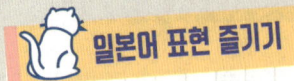# 「ところ」의 용법

명사「ところ」는 그 자체에 분명한 의미가 있기 보다는 문장에서 어떤 단어와 함께 쓰이는지에 따라 의미와 용법이 달라진다.「～ところ」가 접속하는 동사의 형태에 따라 의미가 달라지는 것과 비슷하다.

① 장소
タバコは指定されたところで吸ってください。
담배는 지정된 곳에서 피우세요.

② 시간
今のところ引っ越す予定はありません。
지금 현재로서는 이사할 예정은 없습니다.

③ 상황
そのまま通り過ぎてしまうところでした。
그대로 지나쳐 버릴 상황이었습니다.

④ 내용
聞くところによると、5月の紫外線が一番強いらしい。
들은 바에 의하면 5월의 자외선이 제일 강하다고 한다.

A 聞くところによると、夕べ地震があったそうですね。
佐藤さんの家は大丈夫でしたか。
들은 바에 의하면 어제 저녁에 지진이 있었다고 합니다. 사토 씨의 집은 괜찮았나요?

B 今のところ大丈夫ですが、まだしばらくは注意が必要です。
지금은 괜찮지만 아직 당분간은 주의가 필요합니다.

⭐ **단어**

指定する 지정하다　**そのまま** 그대로　**通り過ぎる** 그냥 지나치다, 통과하다　**紫外線** 자외선

6

デジカメを買う

학습목표
1. 추론 ～わけだ / わけではない
2. 의문 ～かどうか
3. 얼버무림 표현 ～たりする

회화 워밍업

○ 그림을 보면서 들어 봅시다. 🎧 TRACK 42

○ 다음 단어를 참고해서 손님에게 노트북에 대해 설명을 해 봅시다. 🎧 TRACK 43

> ＤＶＤを見る ｜ ゲームをする ｜ ビデオを撮る
> 長い時間使う ｜ キーボードを外す

お客　あの～、ノートパソコンがほしいんですが。
店員　それでしたら、こちらはどうですか。
　　　_____ことができますよ。

⭐ 단어

キーボード 키보드, 자판　**外す** 분리하다, 떼내다

○ 대화를 잘 듣고 아래 질문에 답해 봅시다. TRACK 44

たける	これ、昨日買った新しい携帯？
ゆい	うん、そう。これ、たけるのと同じだよね。_____①_____？
たける	いいよ。何がわからないの？
ゆい	友達が送ってくれた写真を保存する方法。
たける	右下のボタンを_____②_____。
ゆい	ありがとう。あと、マナーモードにするにはどうしたらいいの。
たける	携帯の横についているスイッチをオンにすれば_____③_____。

1 대화문의 빈칸에 들어갈 알맞은 말을 써 봅시다.

① _____

② _____

③ _____

2 대화의 내용에 대한 다음 질문에 답해 봅시다.

① ゆいは何を保存する方法がわからないと言っていますか。

_____

② どうすれば音が出なくなりますか。

_____

⭐ 단어

使い方 사용법　**保存する** 보존하다, 저장하다　**右下** 오른쪽 아래　**マナーモード** 매너모드, 무음모드　**スイッチ** 스위치　**オン** 켬, 켜짐

○ 디지털 카메라를 사기 위해 전자 제품 매장을 찾은 해리　TRACK 45

ヘリ　　あの、結婚式で使うんですけど、室内で人がきれいに撮れるのってどれですか。

店員　　それでしたら、こちらがおすすめです。
　　　　今セールで、5万6000円ですので、大変お買い得です。

ヘリ　　確かに、他の店より安いですね。
　　　　あ、でも、タナカ電機では5万8000円にポイントが10％つくんだそうです…。

店員　　5万8000円でポイント10％ですと、実質的には5万2200円…。

ヘリ　　ただ、私、旅行で来ていて日本に住んでるわけじゃないので、ポイントはなくてもいいんです。そのぶん、このデジカメ、もう少し安くなったりしませんか。

店員　　そうでしたか。では今のお値段からお値下げが可能かどうか、確認してまいりますので、少々お待ちください。

　　　　(少しして店員が戻ってくる)

店員　　現金でのお支払いでしたら、5万4000円まで、お値下げが可能です。

ヘリ　　うわぁ、本当ですか。ありがとうございます。

★ 본문 회화를 큰 소리로 읽어 봅시다.

★ 다른 사람과 짝이 되어 함께 말해 봅시다.

단어

おすすめ 추천　買い得 싸게 삼　ポイント 포인트　実質的 실질적　ただ 단, 단지　そのぶん 그 만큼　デジカメ 디지털 카메라
値下げ 값을 깎음, 가격 인하　可能 가능　少々 잠시　お待ちください 기다려주세요　現金 현금

6 デジカメを買う | 73

 마스터

1. ～わけだ ～한 것이다, ～하구나
～わけではない ～한 것은 아니다

「～わけだ」는 형식명사「わけ」에 단정의 조동사「だ」가 접속한 형태이다. 무엇인가를 설명할 때 특히 문맥이나 상황 등을 통하여 논리적으로 추론하는 경우나 정당한 이유 및 근거에 많이 사용된다. 원래「わけ」는 '까닭, 이유'라는 의미인데 이러한 의미로부터 자연스럽게 논리적인 근거를 가진 사실을 주장하거나 강조하는 뉘앙스를 갖게 되었다. 따라서 어떤 일에 대하여 납득하거나 다른 사람을 설득하거나 하는 경우에 자주 사용된다.

「～わけではない」는「～わけだ」의 부정형으로 문맥상 당연히 그럴 것이라고 예상되는 사실에 대하여 부정의 의미를 피력할 때 사용된다. 의미상「だからといって(그렇다고 해서)」「別に(그다지)」「特に(특별히)」등과 함께 사용되는 경우가 많다.

A 彼女は日本で4年間働いていたそうだよ。 그녀는 일본에서 4년간 일했다고 해.
B どうりで日本の事情に詳しいわけだ。 그래서 일본 사정에 밝은 거구나.

A 担当者と2時間以上話し合ったけど、結論は出ませんでした。
담당자와 2시간 이상 얘기했는데 결론이 나지 않았습니다.
B 長く話し合ったからといって、納得できる結論が出るわけじゃないからね。
길게 얘기했다고 해서 납득할 만한 결론이 나는 것은 아니니까.

2. ～かどうか ～인지 아닌지, ～할지 말지

「～かどうか」는 의문을 나타내는「～か」를 사용하여 '～인지 아닌지, ～할지 말지'라는 뜻을 나타낸다. 명사나 형용사, 동사의 사전형에 모두 사용할 수 있다.

A 昨日田中さんと一緒にいた女の人、彼女かどうか聞いてみてくれない？
어제 다나카 씨와 함께 있던 여자분, 여자친구인지 아닌지 물어봐 줄래?
B え～、やだよ。気になるなら自分で聞いてよ。 뭐, 싫어, 궁금하면 직접 물어봐.

A アクセサリーって実際つけてみないと似合うかどうか分からないよね。
액세서리는 실제로 착용해 보지 않으면 어울리는지 아닌지 알 수 없어.

B そうだね。じゃ、このネックレスも試着できるかどうか聞いてみよう。
맞아. 그럼, 이 목걸이도 착용해 볼 수 있는지 아닌지 물어보자.

3 〜たりする 〜하거나 하다(얼버무림 표현)

「〜たり」는 원래 「〜たり〜たりする」의 형태로 두 가지 이상의 사건이나 행위를 열거할 때 사용하는 표현이다. 그러나 실제 사용에서는 단정을 회피하는 「ぼかし(얼버무림)」 표현으로 사용되기도 한다. 예를 들어 「安くなりませんか。(싸게 안 될까요?)」라고 명확하게 물어볼 수 있는 경우에도 「安くなったりしませんか。(싸게 되거나 하지는 않을까요?)」라고 물음으로써 단정을 피해 완곡하게 표현할 수 있다. 이와 같이 열거 대상이 없이 단순하게 단정을 피하고 있는 경우에는 「ぼかし(얼버무림)」 표현으로 해석된다.

A このパソコン、セッティングできたりする？ 이 컴퓨터, 세팅 할 수 있어?

B ちょっと見せて。あ、できそう。 잠깐 보여줘. 아, 될 것 같아.

A （美術館の電気が消えているのを見て）変だね。電気が消えているよ。
(미술관 불이 꺼져 있는 것을 보고) 이상하네. 불이 꺼져 있어.

B 今日、開いてなかったりして。 오늘 닫혀 있거나 그런 건가?

 단어

どうりで 그래서, 어쩐지　　事情 사정　　詳しい 자세하다, 잘 알다　　担当者 담당자　　話し合う 서로 이야기하다　　結論 결론
納得する 납득하다　　実際 실제　　ネックレス 목걸이　　試着 시착, 입어 봄　　セッティング 세팅, 설정

말하기 마스터

○ 다음 문장에서 한국어로 되어 있는 부분을 일본어로 바꾸어 말해 봅시다. 🎧 TRACK 46

① 田中さんがもう 집을 나갔는지 어떤지、電話で聞いてみます。

② 先に 가도 되는지 어떤지、電話で聞いてみます。

③ 2時までに 올 수 있는지 어떤지、電話で聞いてみます。

○ 밑줄 친 부분의 표현을 바꾸어 말해 봅시다. 🎧 TRACK 47

> 先生にほめられたい ｜ 掃除をする
> → 先生にほめられたくて 掃除をしているわけではありません。

① 彼女が作りたい ｜ サークルに行く

→ _____

② あなたのことを困らせたい ｜ 修正点をたくさん書く

→ _____

⭐ **단어**

先に 먼저　修正点 수정할 점, 수정 사항

○ 밑줄 친 부분의 표현을 바꾸어 대화해 봅시다. 🎧 TRACK 48

> お客　このバッグ、もっと安くなったりしますか。
> 店員　う～ん、それはちょっと難しいですね。

① ご飯の量 ｜ 増やせる

② 予約の時間 ｜ 遅くしてもらえる

○ 밑줄 친 부분의 표현을 바꾸어 대화해 봅시다. 🎧 TRACK 49

> ゆい　　あのさ、アルバイトの日、変えてもらえたりする？
> たける　スケジュールを確認しないとわからないけど…。
> ゆい　　じゃ、後でアルバイトの日を変えられるかどうか、メールで教えてくれない？
> たける　わかった。今日中に連絡する。

① 明日の会議 ｜ 代わりに行ってもらう ｜ 明日の会議に行く

② 来月の展示会 ｜ 家族と一緒に見に来てもらう ｜ 展示会に来る

⭐ 단어

増やす 늘리다　**スケジュール** 스케줄　**展示会** 전시회

○ 다음 글을 읽고 질문에 답해 봅시다.

ポイントカード

お店のポイントカードを作ろうかどうか、迷ったことはありませんか。ポイントカードの大きなメリットは、普通の値段よりも安く買えたりすることです。またポイントを貯めると、次の買い物の時などに割引を受けられます。ポイントが、そのお店の電子マネーのような役割を担っているわけです。一方、デメリットもあります。例えばポイントを貯めるために、すぐに買わなくてはいけない物があるわけではないのに、そのお店で買い物をしてしまうことがあります。また、自分の買い物の情報が集められて、お店のマーケティングに使われることもあります。それが嫌でポイントカードを作らない人もいるようです。さらに、ポイントカードを何枚も作ると財布が重くなってしまいます。そのため、よく行くお店かどうか十分に考えてからカードを作った方がいいでしょう。いくつかのお店で共通して使えるポイントカードであれば便利です。

① ポイントカードのメリットでないのはどれですか。
  □ 普通の値段よりも安く買える □ マーケティングに使われる
  □ ポイントが貯められる □ 次の買い物の時に割引を受けられる

② どのような買い物をしてしまうことがデメリットですか。

  ポイントを貯めるために、＿＿＿＿＿＿＿＿ことがあるのがデメリットです。

③ カードを作る時は、何を十分に考えてから作った方がいいですか。

  ＿＿＿＿＿＿＿＿＿＿を十分に考えてから作った方がいいです。

単어

カード 카드　迷う 망설이다, 머뭇거리다　メリット 장점　貯める 쌓다, 모으다　電子マネー 전자머니　役割 역할　担う 담당하다
デメリット 단점　マーケティング 마케팅　いくつか 몇 개　共通する 공통되다

쓰기 마스터

○ 다음 예문과 같이 「～かどうか」와 「～わけではない」를 사용해 현재 고민하고 있는 일에 대해 작문해 봅시다.

> 日本語の勉強のために、大学院に行くかどうか悩んでいます。
> 大学院には行きたいのですが、研究者になりたいわけではありません。

悩み事

_____
_____
_____
_____
_____
_____
_____
_____

○ 작문한 내용을 서로 발표해 봅시다.

⭐ **단어**

大学院 대학원 **悩む** 고민하다 **研究者** 연구자 **悩み事** 고민거리, 걱정거리

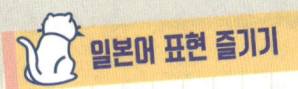 **일본어 표현 즐기기**

일본어의 「ぼかし(얼버무림)」 표현

「ぼかし(얼버무림)」 표현이란 '한정이나 단정, 또는 개별성을 회피하기 위해서 사용하는 표현' 전체를 가리키며 일본의 「若者ことば(젊은 세대의 언어표현)」의 특징 중 하나이기도 하다. 대표적인 형식은 다음과 같다.

① みなさま、バスのほうは、ただいま、富士山の近くを走っております。
여러분, 버스 쪽은 지금 후지산 근처를 달리고 있습니다.

→ 「バス」를〈한정〉하는 것을 피하여 「バスのほう(버스 쪽)」라고 서술하고 있다.

② 行くわけないじゃん、みたいな。
갈 리가 없잖아, 같은.

→ '가지 않겠다'고 직접 표현하면 될 것을〈단정〉을 피하여 「～みたいな(같은)」를 덧붙여 사용하고 있다.

③ 私、腕時計はあまり使わないほうですから。
저는 손목시계는 그다지 사용하지 않는 편이니까요.

→ 손목시계를 잘 사용하지 않는다는 자신의〈개별성〉을 밝히지 않고 「～ほう」를 사용하여 '손목시계를 잘 사용하지 않는 그룹'을 전제로 사실을 전달하고 있다. 한국어에서 사용하는 '～(하는/하지 않는) 편이다'와 비슷하다.

이 밖에도 체언에 접속하여 열거를 나타내는 「とか」, 또는 의견을 말할 때 사용되는 「私的には」의 「～的」와 같은 표현도 대표적인 「ぼかし」 표현 중 하나이다.

참고: 村田美穂子,「ぼかし表現の新方向」,『国文学解釈と鑑賞』(1994), 第59巻7号, pp.119～126, 至文堂

> A おすすめのお店とか、ある？ 추천하는 가게라든가 있어?
> B 私的には、駅前のABCカフェが一番おいしいと思う。
> 나 같은 경우에는 역 앞의 ABC카페가 제일 맛있다고 생각해.

 단어

～じゃん(～じゃない의 음변화) ～잖아   腕時計 손목시계   私的には 나 같은 경우에는

7

結婚式に参加する

학습목표
1. 전문 ～(な)んだって
2. 추량 ～みたいだ
3. 정도 ～ぐらい

회화 워밍업

○ 그림을 보면서 들어 봅시다. 🎧 TRACK 50

山田さん、一緒に来週のパーティーに行けるらしいですよ。

それはよかったですね。アルバイトの日を替わってもらえたのかもしれませんね。

○ 다음 단어를 참고해서 야마다 씨가 올 수 없는 이유를 추측해 봅시다. 🎧 TRACK 51

> 風邪をひいた ｜ 今日はアルバイトの日だ ｜ 課題で忙しい
> 先生の研究室に行く用事がある ｜ 道が混んでバスが遅れている

パク 山田さん、10時からのミーティングに来られないらしいですよ。

田中 そうなんですか。ちょっと珍しいですね。

　　 もしかしたら、＿＿＿＿＿＿＿＿＿＿＿＿＿＿＿のかもしれませんね。

⭐ 단어

替わる 대신하다, 대체하다　**研究室** 연구실　**ミーティング** 미팅　**もしかしたら** 혹시, 어쩌면

○ 대화를 잘 듣고 아래 질문에 답해 봅시다. 🎧 TRACK 52

> たける　ゆい、最近_____①_____。
> ゆい　うん。でも、先週ようやくレポートを出したから、もう忙しくないよ。
> たける　お疲れ様。そのレポート、先生に_____②_____。
> ゆい　えへへ。がんばってよかった。
> たける　忙しくないなら、さっそく今週末、出かけない？
> ゆい　あ、土曜日はサークルの会議が_____③_____、日曜日でもいい？
> たける　わかった。じゃ、日曜日においしいもの食べに行こう。

1 대화문의 빈칸에 들어갈 알맞은 말을 써 봅시다.

① _____

② _____

③ _____

2 대화의 내용에 대한 다음 질문에 답해 봅시다.

① ゆいは今、どうして忙しくありませんか。

_____

② ゆいとたけるは、どうして日曜日に出かけることにしましたか。

_____

단어

ようやく 겨우, 드디어　**さっそく** 어서, 즉시　**今週末** 이번 주말

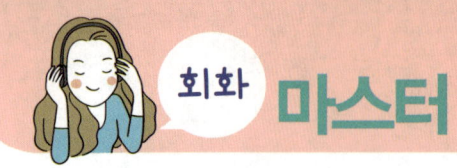

회화 마스터

○ 동아리 선배의 결혼식에 참석한 해리　TRACK 53

ヘリ　　わぁ、素敵！ ヨーロッパの宮殿みたいな会場だね。
　　　　聡美は結婚式に出席するの、初めて？

聡美　　初めてじゃないよ。
　　　　２年前に親戚の結婚式に出席したことあるよ。
　　　　これ、その時と同じワンピース。誰も気がつかないと思って。

ヘリ　　あはは。そういえば、美咲先輩って、どうやって旦那さんと出会ったのかな？

聡美　　趣味の社会人サークルで出会ったんだって。

ヘリ　　なるほど…。聡美はどんな人と結婚したい？

聡美　　う～ん、私は、優しくて決断が早くて、話が面白い人がいいな。

ヘリ　　性格って大切だよね。

聡美　　うん、性格が合わない人と無理して結婚するぐらいなら、一人のほうがいいと思う。ヘリはどんな人が理想？

ヘリ　　そうだな。私が大変な時、何も言わずに助けてくれるような人がいいかな。

★ 본문 회화를 큰 소리로 읽어 봅시다.　　★ 다른 사람과 짝이 되어 함께 말해 봅시다.

단어

素敵 멋짐　**宮殿** 궁전　**〜みたいだ** 〜같다　**親戚** 친척　**気がつく** 알아차리다　**そういえば** 그러고 보니　**旦那さん** 남편 분
出会う 만나다　**〜だって** 〜래, 〜(하)대　**決断** 결단　**性格** 성격　**理想** 이상, 이상형　**助ける** 도와주다, 구해주다

7 結婚式に参加する

1 〜(な)んだって 〜하대, 〜래(전문)

「〜(な)んだって」는 단정을 나타내는 「〜(な)んだ」에 인용을 나타내는 「〜って」가 결합하여 다른 사람에게 들은 정보를 전달할 때 사용한다. 명사와 な형용사는 「〜なんだって」, い형용사와 동사는 종지형에 「〜んだって」로 접속한다. 일본어에서는 전문을 나타내는 형식이 「〜という」「〜そうだ」 등 여러 가지가 있는데 「〜(な)んだって」는 주로 회화체에서 자주 사용된다. 경우에 따라서는 「〜(な)んだ」 없이 「〜って」만으로 사용되는 경우도 있다.

A アメリカの国際ホットドッグ早食いチャンピオンは日本人なんだって。
미국의 국제 핫도그 빨리 먹기 챔피언은 일본인이래.

B 私もテレビで見たけど、大食いなのにすごく痩せててびっくりした。
나도 텔레비전에서 봤는데 대식가인데 굉장히 말라서 깜짝 놀랐어.

A 最近、こういうアイデア商品が流行っているんだって。
최근에 이런 아이디어 상품이 유행하고 있대.

B これはすごく便利そうだね。こういうのがあったらいいなと思ってたんだ。
이거 굉장히 편리해 보인다. 이런 게 있으면 좋겠다 하고 생각했어.

2 〜みたいだ 〜같다, 〜한 것 같다

「〜みたいだ」는 「〜ようだ」와 의미와 용법이 비슷한데, '추량'과 '비유'의 의미를 모두 나타낸다. 격의 없는 표현으로 주로 회화체에서 사용된다. 명사, な형용사의 어간, い형용사와 동사의 사전형에 접속하며 「〜みたいだ」 전체는 な형용사 활용을 한다.

A 山田さん、彼女とうまくいってないって言ってたけど…。
야마다 씨, 여자친구랑 잘 안 되고 있다고 하던데….

B 先週別れたみたいだよ。 지난주에 헤어진 것 같아.

A うちの長女は小学5年生にもなるのに薬が苦手で飲もうとしません。
우리 큰딸은 초등학교 5학년이나 되는데 약을 싫어해서 먹으려고 하지 않아요.

B でもこの薬は苦くないし、グミみたいに噛んで食べるから、大丈夫ですよ。
하지만 이 약은 쓰지 않고 젤리같이 씹어 먹으니까 괜찮을 거예요.

3 ～ぐらい ～정도

동사에 접속한 「～ぐらい」는 동작이나 상태가 어느 '정도'인지를 비유나 구체적인 예를 사용해서 나타낸다. 「～ぐらい」로 발음되는 경우가 많지만 「～くらい」로 발음하는 사람들도 있다.

A 最近、熱いものや冷たいものを飲んだり食べたりした時に痛みを感じることがあります。 요즘에 뜨거운 것이나 차가운 것을 마시거나 먹거나 했을 때 통증을 느끼는 경우가 있어요.

B たかが歯がしみるぐらいと我慢してはいけません。すぐに歯医者さんへ行った方がいいですよ。 단지 이가 아픈 정도라고 참으면 안 됩니다. 바로 치과에 가는 편이 좋아요.

A これ、本物じゃないんですけど、偽物って分かりますか。
이거 진품이 아닌데, 모조품이라고 알겠어요?

B いいえ、触るまでは見分けがつかないぐらい本物とそっくりですね。
아니요. 만지기 전에는 구별할 수 없을 정도로 진품과 똑같네요.

단어

ホットドッグ 핫도그　**早食い** 빨리 먹기　**チャンピオン** 챔피언, 우승자　**大食い** 대식, 많이 먹기　**アイデア商品** 아이디어 상품
流行る 유행하다　**長女** 장녀, 큰딸　**グミ** 젤리　**痛み** 아픔, 고통　**感じる** 느끼다　**たかが** 기껏해야, 고작　**しみる** 아프다, 자극하다
我慢する 참다　**本物** 진짜, 진품　**偽物** 가짜, 위조품　**見分けがつかない** 분간이 가지 않다, 구별하기 어렵다　**そっくり** 똑같음, 똑 닮음

마스터

○ 다음 문장에서 한국어로 되어 있는 부분을 일본어로 바꾸어 말해 봅시다. 🎧 TRACK 54

① パクさん、来年から 일본에서 일한대 。

② あの二人は先月 헤어졌대 。

③ 佐々木さんは料理の勉強をするために 한국에 왔대 。

○ 밑줄 친 부분의 표현을 바꾸어 말해 봅시다. 🎧 TRACK 55

> 事故がありました
> → 事故があったみたいですね。人がたくさんいます。

① 新しくオープンしました

→ _____

② これからコンサートが始まります

→ _____

○ 밑줄 친 부분의 표현을 바꾸어 대화해 봅시다. 🎧 TRACK 56

> ゆい　最近、ダイエットのために薬を飲んでいるんだ。
> たける　え～！薬を飲むぐらいだったら、運動をしたほうがいいよ。

① 部屋を整理する ｜ 本を捨てる ｜ 古本屋に売る
② お金を使わない ｜ 休日、家でごろごろする ｜ アルバイトをする

○ 밑줄 친 부분의 표현을 바꾸어 대화해 봅시다. 🎧 TRACK 57

> ゆい　佐藤さん、最近、水泳を始めたんだって。
> たける　へ～！そうなんだ。
> ゆい　毎日プールに通っているみたいだよ。
> たける　わ～、すごいね。まるで水泳選手みたいだね。

① ともやは最近経営の勉強をしています ｜ マーケティング調査のために毎月中国に行っています ｜ ビジネスマン
② 鈴木さんは毎日、近所の子供に本を読んであげています ｜ 子供が読んでもらいたい本を持ってきます ｜ 幼稚園の先生

⭐ 단어

整理する 정리하다　**古本屋** 헌책방　**休日** 휴일　**ごろごろする** 빈둥거리다　**まるで** 마치　**経営** 경영　**調査** 조사
ビジネスマン 비즈니스맨, 사업가　**幼稚園** 유치원

읽기 마스터

○ 다음 글을 읽고 질문에 답해 봅시다.

後悔していること

私が今でも後悔していることは、ピアノを途中でやめてしまったことです。習い始めたきっかけは、私が幼稚園のころ、テレビでピアニストが演奏するのを見て、そのピアニストみたいになりたいと思ったことです。中学2年生までは、週に1回ピアノ教室に通っていました。でも中学3年生の時、「隣の聡子ちゃん、高校受験のためにピアノのレッスンやめるんだって」と母が話しているのを聞いて、私も受験に集中するためにピアノ教室に通うのをやめました。通うのをやめてから、ほとんどピアノをひくことがなくなったので、今ではどうやってひくのかすっかり忘れてしまいました。こんなことになるぐらいなら、やめないで2週間に1回でもレッスンを受けていればよかったと思うことがよくあります。

① 「私」が後悔しているのはどんなことですか。

☐ ピアニストになれなかったこと
☐ ピアノをまた習い始めたこと
☐ レッスンを週に1回しか受けなかったこと
☐ ピアノを途中でやめてしまったこと

② 「私」は中学3年生の時、どうしてピアノ教室に通うのをやめましたか。

母が＿＿＿＿＿＿＿＿＿＿＿＿＿＿＿＿＿＿と話しているのを聞いて、やめました。

③ ピアノ教室に通うのをやめて、どんな後悔をしましたか。

ピアノを＿＿＿＿＿＿＿＿＿＿＿＿＿＿＿ぐらいなら、レッスンを続けていればよかったと後悔しています。

단어

後悔する 후회하다　**きっかけ** 계기　**ピアニスト** 피아니스트　**演奏する** 연주하다　**受験** 수험　**レッスン** 레슨, 개인 교습
集中する 집중하다

 쓰기 마스터

○ 다음 예문과 같이 「〜みたいだ」와 「〜ぐらい」를 사용해 자신의 장점을 사물이나 사람에 빗대어 설명해 봅시다.

> 私(わたし)の長所(ちょうしょ)は、スポーツ選手(せんしゅ)みたいに体力(たいりょく)があって元気(げんき)なことです。
> 1日徹夜(いちにちてつや)したぐらいでは、眠(ねむ)くなったりしません。

私(わたし)の長所(ちょうしょ)

_____
_____
_____
_____
_____
_____
_____
_____
_____

○ 작문한 내용을 서로 발표해 봅시다.

⭐ **단어**

長所 장점　**体力** 체력　**徹夜** 철야, 밤을 샘

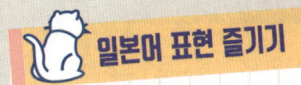
일본어 표현 즐기기

「～ぐらい」와 「～ほど」의 차이

① 「～ぐらい」와 「～ほど」는 동사에 접속하여 '정도'를 나타낸다. 대략적인 정도나 수치를 나타내는 경우에는 서로 바꿔 쓸 수 있지만 의미상 미묘한 차이가 있다.

머리카락을 15센티 정도 잘라 주세요.
髪を15cm(ほど ○ / ぐらい ○)切ってください。

② 정도가 심하거나 극단적인 것과 비교해서 거의 그 정도였다는 의미를 나타낼 때는 주로 「～ほど」가 사용된다.

죽을 만큼 힘든 경험을 했다.
死ぬ(ほど ○ / ぐらい ×)辛い経験をした。

③ 정도가 보통이나 낮은 것과 비교해서 그 정도는 된다는 의미를 나타내는 경우는 주로 「～ぐらい」가 사용된다.

가타카나를 읽는 정도는 할 수 있어.
カタカナを読む(ぐらい ○ / ほど ×)のことは出来るよ。

④ 그 밖에 관용적으로 사용되는 표현(同じぐらい, すればするほど)이나 고정된 문형인 경우에서 다음과 같이 서로 바꿔 쓰기 어렵다.

지난번과 비슷한 정도로 공부했는데 기말시험에서는 성적이 떨어졌습니다.
前回と同じぐらい勉強したのに、期末試験では成績が落ちました。

일본어는 공부하면 할 수록 재미있습니다.
日本語は、勉強すればするほどおもしろいです。

A （ダイエット中）食べれば食べるほどもっと食べたくなるから、食べない！ (다이어트 중) 먹으면 먹을 수록 더먹고 싶어지니까 안 먹어!

B 一口食べたぐらいじゃ太らないよ。少し食べてみて。
한 입 먹는 정도로 살 안 쪄. 조금 먹어 봐.

⭐ 단어

前回 전회, 지난 번　**期末** 기말　**成績** 성적　**一口** 한 입, 조금

8

カタログギフトで商品を選ぶ

학습 목표
1. 동사의 명령형
2. 부대상황 ～ないで
3. 나열 ～や～など

회화 워밍업

○ 그림을 보면서 들어 봅시다. 🎧 TRACK 58

この書類、私が代わりに提出してきましょうか。

え、いいんですか？今日は難しいから明日提出しに行こうと思ってたんですけど、本当にありがとうございます。

○ 다음 단어를 참고해서 상대방의 제안에 답해 봅시다. 🎧 TRACK 59

> アルバイトの日を変えてもらう ｜ 山田さんに頼む ｜ 行けないって伝える
> これから代わりに行ける人を探す ｜ 子供を預けて行く

田中　明日の会議、私が代わりに出ましょうか？

パク　え、いいんですか？ _____ と思ってたんですけど、本当にありがとうございます。

⭐ 단어

伝える 전달하다　預ける 맡기다

○ 대화를 잘 듣고 아래 질문에 답해 봅시다. 🎧 TRACK 60

ゆい	勉強中？厚い本が3冊もあるけど、これ、どうしたの？
たける	このレポートの前半部分を書く時に必要だったんだ。 これ、今日の3時に＿＿＿①＿＿＿、う～ん、どうしよう。 レポートを書き終わるのは3時より遅くなりそう…。
ゆい	もうレポートには必要ないんでしょ？ これ、私が代わりに＿＿＿②＿＿＿？
たける	本当に？先輩に、遅くなってもいいか＿＿＿③＿＿＿んだけど、ゆいが代わりに返してくれるなら本当に助かる。ありがとう。

1 대화문의 빈칸에 들어갈 알맞은 말을 써 봅시다.

① ＿＿＿＿＿＿＿＿＿＿＿＿＿＿＿＿＿＿＿＿＿＿＿＿＿＿

② ＿＿＿＿＿＿＿＿＿＿＿＿＿＿＿＿＿＿＿＿＿＿＿＿＿＿

③ ＿＿＿＿＿＿＿＿＿＿＿＿＿＿＿＿＿＿＿＿＿＿＿＿＿＿

2 대화의 내용에 대한 다음 질문에 답해 봅시다.

① 3冊の本は何に必要でしたか。

＿＿＿＿＿＿＿＿＿＿＿＿＿＿＿＿＿＿＿＿＿＿＿＿＿＿

② ゆいは今日の3時に何をしますか。

＿＿＿＿＿＿＿＿＿＿＿＿＿＿＿＿＿＿＿＿＿＿＿＿＿＿

⭐ 단어

前半 전반　部分 부분

 회화 마스터

○ 카탈로그를 보며 결혼식 답례품을 고르는 해리와 아이　TRACK 61

ヘリ　結婚式の引き出物でこれ、もらったんですけど。

愛　あ、カタログギフト。これ、最近人気みたいだね。

ヘリ　韓国ではこういうの、見たことありません。
　　　商品がたくさんありますね。

愛　この中から好きなものを一つもらえるんだよ。どれにするの？

ヘリ　う〜ん。食べ物やアクセサリーのほかに、食器や電化製品などもありますね。

愛　いろいろあるから迷っちゃうよね。

ヘリ　あ、このミキサー、愛さん欲しがってましたよね。

愛　うん。野菜ジュースを飲みたいから早く買えって、ミンスがうるさくて。

ヘリ　泊めてもらってるお礼に、私、これにします。
　　　愛さん、受け取ってください。

愛　え、いいの？ありがとう、嬉しい。
　　実は、これ、先週デパートに行った時に買おうかどうか悩んでたんだ。あの時、買わないでよかった。

★ 본문 회화를 큰 소리로 읽어 봅시다.

★ 다른 사람과 짝이 되어 함께 말해 봅시다.

단어

引き出物 답례품　**カタログギフト** 카탈로그 기프트　**食器** 식기　**電化製品** 가전제품　**〜ちゃう** 〜해 버리다, 〜하고 말다
ミキサー 믹서　**お礼** 사례(선물), 보답

8 カタログギフトで商品を選ぶ | 97

1 동사의 명령형

동사의 명령형은 동사의 종류에 따라 다음과 같이 활용한다. 현대 일본어에서 실제 명령어가 사용되는 것은 군대 등 상하 관계가 확실한 경우이며 그 외에 일상생활에서는 화가 많이 났을 때조차 사용하지 않는 편이 좋다고 여겨지고 있다. 단 화재나 사고 등 예기치 못한 긴급한 경우 또는 가족 관계나 아주 친밀한 사이에서는 명령형이 사용되기도 한다. 일본어 표현 중에서「頑張れ!」는 명령형이 관용적으로 격려 표현으로 사용되는 예이다.

동사 종류	활용 방법	활용 형태
u 동사	마지막 모음 [-u]를 [-e]로 바꾼다.	会う 만나다 → 会え 만나 行く 가다 → 行け 가 泳ぐ 헤엄치다 → 泳げ 헤엄쳐 話す 말하다 → 話せ 말해 待つ 기다리다 → 待て 기다려 死ぬ 죽다 → 死ね 죽어 呼ぶ 부르다 → 呼べ 불러 読む 읽다 → 読め 읽어 帰る 돌아가다 → 帰れ 돌아가
ru 동사	어미「る」를 떼고「ろ」을 접속한다.	見る 보다 → 見ろ 봐 食べる 먹다 → 食べろ 먹어
불규칙 동사	형태 자체가 바뀐다.	する 하다 → しろ 해 来る 오다 → 来い 와

A 今、何時だと思っているんだ！ 早く寝ろ！ 지금 몇 시라고 생각하는 거야! 빨리 자!

B は〜い。 네〜.

A 火事だ！ 逃げろ！ 불이다! 도망쳐!

B えっ？ 避難訓練じゃないんですか？ 어? 피난훈련이 아니에요?

 단어

避難 피난　訓練 훈련

2 ～ないで ~하지 않고, ~하지 말고

「～ないで」는 부정형「～ない」의 중지형으로 '~하지 않고'라는 의미를 나타낸다. 문장에서 자주 쓰이는「～ずに」와 비슷하다.

A 週末、どこか出かけましたか。 주말에 어디 갔었어요?

B 雨が降ったので、どこへも行かないで、家でごろごろしていました。
비가 와서 아무 데도 가지 않고 집에서 뒹굴며 지냈어요.

A 作文を書く時、辞書を使ってもいいですか。 작문할 때 사전을 사용해도 되나요?

B いいえ、使わないで書いてください。 아니요. 사용하지 말고 써 주세요.

3 ～や ～など ~나 ~등

「～や」도「～と」와 마찬가지로 같은 종류의 대상을 나열할 때 사용한다.「～と」는 해당하는 대상 모두를 열거하는 의미를 갖고 있지만「～や～など」는 대상 중에서 대표적인 것을 몇 개만 열거하는 의미를 갖고 있다. 따라서 대상이 3개 이상일 때는「～や～など」의 형태로 사용되는 경우가 많다.

A 最近、プルコギやサムギョプサルなどがデリバリーできちゃうって知っていましたか。 요즘 불고기나 삼겹살 등이 배달이 된다는 거 알고 있었어요?

B はい、注文一つで食べたい料理が食べられるなんてすごく便利ですよね。
네, 주문 하나로 먹고 싶은 요리를 먹을 수 있다니 정말 편리하죠.

단어

プルコギ 불고기   サムギョプサル 삼겹살   デリバリー 딜리버리, 배달   ～なんて ~하다니, ~라니

말하기 마스터

○ 다음 문장에서 한국어로 되어 있는 부분을 일본어로 바꾸어 말해 봅시다. 🎧 TRACK 62

① 母に、早く 방 정리해! って怒られました。

② 父に、早く 과제 리포트 써! って叱られました。

③ 兄に、早く 욕실에서 나와! って言われました。

○ 밑줄 친 부분의 표현을 바꾸어 말해 봅시다. 🎧 TRACK 63

> 昨日、寝る ｜ 勉強する
> → 昨日、寝ないで勉強したので、疲れています。

① 夏休みの間、一日も休む ｜ プールに行く

→ _____

② バスに乗る ｜ 学校まで歩いて来る

→ _____

○ 밑줄 친 부분의 표현을 바꾸어 대화해 봅시다. 🎧 TRACK 64

> 田中　このお店、<u>パソコン</u>が<u>安い</u>ですね。
> パク　そうですね。それに、ここ、<u>カメラ</u>や<u>携帯電話</u>なども<u>安い</u>ですね。

① パスタがおいしい ｜ ピザ・デザート ｜ おいしい

② メニューがたくさんある ｜ インテリア・お店の雰囲気 ｜ いい

○ 밑줄 친 부분의 표현을 바꾸어 대화해 봅시다. 🎧 TRACK 65

> 田中　<u>パーティー</u>の準備は進んでいますか。
> パク　いいえ、まだです。
> 　　　友達から早く<u>レストランを予約しろ</u>って言われているんですが。
> 田中　そうなんですね。
> 　　　<u>招待状の準備</u>や<u>食べ物の注文</u>などもあるから大変ですね。
> パク　はい。今週は本当に忙しいです。

① 旅行の計画 ｜ 飛行機のチケットを買う ｜ ホテルの予約・荷物の準備

② 宿題のレポート ｜ 書き始める ｜ アルバイト・サークルの活動

⭐ 단어

インテリア 인테리어, 실내 장식　**活動** 활동

 읽기 마스터

○ 다음 글을 읽고 질문에 답해 봅시다.

結婚式の引き出物

結婚式の引き出物は、新郎新婦が結婚式に来てくれたお客さんに渡すお礼のプレゼントです。現在、最も人気があり、よく選ばれている引き出物にカタログギフトがあります。結婚式には、年齢や性別、好みなどが異なる人がたくさん参加します。そのため、みんなが喜ぶプレゼントを選ぶのは、とても難しいです。カタログギフトは、カタログをもらったお客さん自身がほしいプレゼントを選ぶことができるので、失敗がありません。最近は、女性向けや男性向け、結婚している人向けなど、複数のカタログを引き出物にすることも多いようです。カタログギフトをもらった人は、食器や食べ物、アクセサリーなど、多くの商品の中から好きなものを選んで受け取ることができます。最近では、商品をもらわないで、代わりに災害などで困っている人に寄付をすることもできるそうです。

① 結婚式の引き出物はどんなものですか。
- □ お客さんが結婚式に参加した人に渡すプレゼント
- □ お客さんが結婚した新郎新婦に渡すプレゼント
- □ 新郎新婦が結婚式に来たお客さんに渡すプレゼント
- □ 新郎新婦が結婚したお客さんに渡すプレゼント

② どうしてみんなが喜ぶ引き出物を選ぶのは難しいですか。
_____からです。

③ 最近のカタログでは、商品をもらわないで、代わりに何をすることができますか。
_____ことができます。

⭐ 단어

新婦 신부　**現在** 현재　**年齢** 연령, 나이　**性別** 성별　**好み** 취향　**異なる** 다르다, 상이하다　**自身** 자신, 자기　**～向け** ~용　**複数** 복수　**災害** 재해　**寄付** 기부

마스터

○ 다음 예문과 같이 동사의 명령형과 「〜ないで」를 사용해 어린 시절 부모님에게 혼난 일에 대해 작문해 봅시다.

> 私は子供のころ、ピアノの練習をしないで遊びに行ってしまうことがよくありました。
> 母に、練習しないのならピアノをやめろと怒られました。

子供のころ親に怒られたこと

_____
_____
_____
_____
_____
_____
_____
_____

○ 작문한 내용을 서로 발표해 봅시다.

⭐ **단어**

親 부모, 부모님

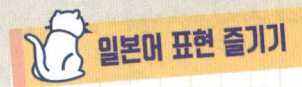

「〜ないで」와 「〜なくて」의 차이

「〜ないで」와 「〜なくて」는 모두 동사의 부정형의 중지형으로 같이 쓸 수 있는 경우도 있지만 그렇지 않은 경우도 많다. 「〜ないで」의 용법이 훨씬 더 다양하며 그 중 한정된 경우에만 「〜なくて」로 바꿔 쓸 수 있다. 먼저 「〜ないで」의 용법을 살펴보자.

① 부대상황
  宿題をしないで学校に行った。 숙제를 하지 않고 학교에 갔다.
  (＝宿題をしないまま学校へ行った。)

② 대비
  宿題をしないでゲームばかりしている。 숙제를 하지 않고 게임만 하고 있다.
  (＝宿題をすべきなのに、代わりにゲームばかりしている。)

③ 원인・이유
  宿題をしないで怒られた。 숙제를 하지 않아서 혼났다.
  (＝宿題をしなかったために怒られた。)

위의 예문은 모두 「〜ないで」가 쓰였지만 앞 내용과 뒤 내용의 의미 관계가 서로 다르다. ①에서는 어떤 상황이나 상태로 학교에 갔는지 부대상황을 나타내고 있다. ②에서는 '숙제'와 '게임'을 대등한 관계로 제시해 대비되고 있다. ③에서는 앞 내용이 뒤 내용의 '원인'임을 나타내고 있다. 이 중에서 ③ '원인・이유'일 때만 「〜なくて」로 바꿔 쓸 수 있는데, 같이 사용되는 경우라도 뉘앙스의 차이가 있다. 한국어의 '~하지 않고(＝「〜ないで」)'와 '~하지 않아서(＝「〜なくて」)'의 차이라고 생각하면 된다.

> A 何度電話しても話し中だったので、予約しないで行ったら、満席で入れなかったんですよ。
> 몇 번 전화를 해도 이야기 중이서 예약을 하지 않고 갔더니, 만석이라 들어갈 수 없었어요.
>
> B そうだったんですか。あのお店、料理が有名ですけど食べられなくて残念でしたね。 그랬군요. 그 가게 음식이 유명한데 먹지 못해서 아쉽네요.

단어

満席 만석

9

アトラクションの ファストチケットをとる

학습목표
1. 동작의 순서 〜てから
2. 동시동작 〜ながら
3. 의문사 + でも

회화 워밍업

○ 그림을 보면서 들어 봅시다. TRACK 66

今週末、富士遊園地に行ってきましたよ。

わ～、いいですね。お化け屋敷が有名だそうですが、行きましたか。

○ 다음 단어를 참고해서 놀이공원의 감상을 말해 봅시다. TRACK 67

> パンダが人気だ, 見る　｜　レストランのピザがおいしい, 食べる
> ジェットコースターがとても怖い, 乗る　｜　プールが大きい, 遊ぶ
> 花がたくさん咲いていてきれいだ, 写真を撮る

パク　今週末、フォーエバーランドに行ってきましたよ。
田中　わ～、いいですね。＿＿＿＿＿＿＿＿＿＿＿＿＿＿＿そうですが、
　　　＿＿＿＿＿＿＿＿＿＿＿ましたか。

단어

遊園地 유원지　　お化け屋敷 귀신의 집, 도깨비 집　　パンダ 판다　　ジェットコースター 제트 코스터　　フォーエバーランド 포에버 랜드

○ 대화를 잘 듣고 아래 질문에 답해 봅시다. 🎧 TRACK 68

> たける　来週の週末、暇だったら、さくらパークに行かない？
> ゆい　　いいね！ 行きたい！ 前から行ってみたかったんだ。
> たける　僕も。サファリパークが人気で、＿＿＿①＿＿＿。
> ゆい　　へ〜、サファリパークか。面白そうだね。
> たける　うん。でも、＿＿＿②＿＿＿、ジェットコースターも人気で一時間ぐらい待たないと乗れないらしいよ。
> ゆい　　え？ そうなの？
> 　　　　＿＿＿③＿＿＿、チケット、インターネットで予約しなくてもいいかな。
> たける　いや、予約したほうがいいと思う。

1 대화문의 빈칸에 들어갈 알맞은 말을 써 봅시다.

① _____

② _____

③ _____

2 대화의 내용에 대한 다음 질문에 답해 봅시다.

① さくらパークでは人気のジェットコースターにすぐ乗れますか。

_____

② たけるはチケットの予約はしなくてもいいと言っていますか。

_____

⭐ **단어**

パーク 공원　サファリパーク 사파리 공원　〜らしい 〜라고 한다

회화 마스터

○ 테마파크에 놀러 온 해리와 사토미　TRACK 69

聡美　何から乗ろうか？私はこういうの得意だから、何でも乗れるよ！

ヘリ　じゃあ、まずは一番人気のヘビーレイニーマウンテンかな？

聡美　だったら、ファストチケットをとらなくちゃね。

ヘリ　ファストチケットって？

聡美　何時間も並ぶ人気のアトラクションは、ファストチケットを取っとけば、並ばずに乗れるんだよ。

ヘリ　へ～、便利だね。じゃあ、そのチケット取ってから、すいてるアトラクション、乗りに行こう。

(人気アトラクションの入り口で)

ヘリ　これがファストチケットか。あれ、時間制限があるんだね。

聡美　うん。いつでもいいんじゃなくて、これだと入場時間は11時半から12時までだね。時間まで、お昼食べながら待つのはどう？

ヘリ　いいね。あ、でも、ほかのアトラクションは？人気があるのは全部ファストチケット取っとこうよ。

聡美　それは無理だよ。2時間経たないと、新しいファストチケットは取れないから。ファストチケットが何枚でも取れたら、楽なんだけどね。

★ 본문 회화를 큰 소리로 읽어 봅시다.　　★ 다른 사람과 짝이 되어 함께 말해 봅시다.

단어

得意だ 잘 하다　**ヘビーレイニーマウンテン** 헤비레이니마운틴　**ファスト** 퍼스트, 우선　**アトラクション** 놀이기구　**制限** 제한
入場 입장

9 アトラクションのファストチケットをとる ｜ 109

1. 〜てから 〜하고 나서

「〜てから」는 시간 관계를 나타내는 표현이다. 「〜てから」의 앞에 서술되는 사건이나 행위가 완료된 후에 다른 사건이나 행위가 발생한다는 시간적인 전후 관계를 나타낸다.

A ゲームをしてから宿題をする。 게임을 하고 나서 숙제를 해야지.

B 宿題をしてからゲームをしたら？ 숙제를 하고 나서 게임을 하는 건?

A 息子さん、もう除隊しましたか。 아드님 벌써 제대했나요?

B はい、一カ月ぐらい前に帰ってきました。軍隊に行く前はなんとなくたよりない感じでしたが、除隊してからはしっかりした大人になったような気がします。 네, 한 달 정도 전에 돌아왔어요. 군대에 가기 전에는 왠지 모르게 미덥지 못한 느낌이었는데, 제대하고 나서는 믿음직한 어른이 된 것 같은 기분이에요.

2. 〜ながら 〜하면서

「〜ながら」도 시간 관계를 나타내는 표현으로, 두 가지 행위가 거의 동시에 진행되는 것을 나타낸다. 보통 뒤에 오는 동작이 주된 동작이 되며, 앞에 오는 동작은 뒤에 오는 동작을 수식하는 역할을 한다.

A 僕は勉強する時も音楽を聴いています。音楽を聴きながら勉強しないと、かえって集中できなくて…。
저는 공부할 때에도 음악을 듣습니다. 음악을 들으며 공부하지 않으면 오히려 집중이 되지 않아서….

B 山田さんって典型的な「ながら族」ですね。 야마다 씨는 전형적인 '하면서 족'이네요.

★ 단어

除隊する 제대하다 **軍隊** 군대 **なんとなく** 왠지 모르게, 어쩐지 **たよりない** 믿음직스럽지 못하다 **かえって** 오히려, 되려
典型的 전형적 **ながら族** 하면서 족, 멀티 플레이어

A 最近「ながらスマホ」による交通事故が増えているようですね。
요즘 '운전 중 스마트폰'으로 인한 교통사고가 늘어나고 있는 것 같아요.

B 携帯電話を操作しながら車を運転するのは非常に危険ですね。取り締まりも罰則も今月からもっと厳しくなるそうですよ。
휴대전화를 조작하면서 자동차를 운전하는 것은 굉장히 위험하죠. 단속도 벌칙도 이번 달부터 더욱 엄격해 진다고 해요.

3 의문사 + でも ~(이)라도

「何(무엇), どこ(어디), 誰(누구), どれ(어느 것), いつ(언제)」등의 의문사 또는 「何人(몇 명), 何冊(몇 권) 何枚(몇 장)」등의 조수사에 「~でも」가 접속되면 어느 한 가지를 택하더라도 모두 해당된다는 의미를 나타낸다. 의문사를 사용하여 전체 모두를 강조한 표현이다.

A 友達をパーティーに連れて行ってもいいですか。 친구를 파티에 데려가도 되나요?
B 人がたくさんいればいるほどいいので、何人でも呼んでいいですよ。
사람이 많으면 많을수록 좋으니까, 몇 명이라도 불러도 좋아요.

A 「ユビキタス社会」ってどういう意味ですか。 '유비쿼터스 사회'란 어떤 의미인가요?
B 「いつでも、どこでも、何でも、誰でも」ネットワークにつながることによって、様々なサービスが提供され、人々の生活をより豊かにする社会をいいます。 '언제나, 어디서나, 무엇이든, 누구나' 네트워크로 연결되어 다양한 서비스를 제공받아 사람들의 생활을 더욱 풍요롭게 하는 사회를 말합니다.

★ 단어

スマホ 스마트폰   ~による ~에 의한, ~에 따른   操作する 조작하다   取り締まり 단속   罰則 벌칙
ユビキタス 유비쿼터스(장소에 상관없이 네트워크에 접속할 수 있는 정보 통신 환경)   ネットワーク 네트워크   つながる 연결되다
サービス 서비스   提供する 제공하다   人々 사람들   豊かだ 풍부하다, 풍요롭다

 말하기 **마스터**

○ 다음 문장에서 한국어로 되어 있는 부분을 일본어로 바꾸어 말해 봅시다. 🎧 TRACK 70

① 明日だったら、 몇 시라도 大丈夫だよ。

② 子供だったら、 몇 살이라도 大丈夫だよ。

③ ソウルだったら、 어디라도 大丈夫だよ。

○ 밑줄 친 부분의 표현을 바꾸어 말해 봅시다. 🎧 TRACK 71

近くのお店で買い物する
→ ちょっと時間があるから、近くのお店で買い物してから、映画を見に行こう。

① カフェでおいしいケーキを食べる

　→ _____

② 本屋に行って日本語の本を買う

　→ _____

○ 밑줄 친 부분의 표현을 바꾸어 대화해 봅시다. 🎧 TRACK 72

> たける　歩きながら携帯電話を使うのって、危ないよね。
> ゆい　　うん。それで事故になることもあるよね。

① 車を運転する ｜ テレビを見る

② イヤホンで音楽を聴く ｜ 自転車に乗る

○ 밑줄 친 부분의 표현을 바꾸어 대화해 봅시다. 🎧 TRACK 73

> ゆい　　このレストラン、海を見ながら食事ができて、素敵だね。
> たける　喜んでもらえてよかった。
> ゆい　　それにデザートを何個でも注文できるのが嬉しい。
> たける　ははは。じゃ、コーヒーを一杯もらってから、もう一つデザートを頼んでみようか。

① ピアノの演奏を聴く ｜ 何皿 ｜ そのケーキを一緒に食べる

② ショーを楽しむ ｜ いくつ ｜ デザートのメニューを確認する

단어

イヤホン 이어폰　ショー 쇼, 공연

# 읽기 마스터

○ 다음 글을 읽고 질문에 답해 봅시다.

テーマパークに行く時の服

テーマパークは誰でも楽しめる人気のスポットなので、大人になってからも、家族や友人、恋人と一緒に行くことがあります。出かける日は天気を確認してから服を選ぶと思いますが、気温の他にも気をつけた方がいいことがあります。例えばヒールの高い靴やはき慣れていない靴で行くと、すぐに疲れてしまって、せっかくの1日を十分楽しめなくなるかもしれません。テーマパークは混んでいることが多いので、アトラクションに乗る前に長い時間待つことも少なくありません。足が痛くて不満を言いながら嫌な雰囲気で過ごすより、楽しく話しながら待つ方がいいですよね。それから、お菓子やスナックを食べながら待つこともあるので、両手が使えるリュックで行くのがおすすめです。ただし、並んでいる時などに自分のリュックが他の人のじゃまにならないように気をつけましょう。最後に、暗くなってから始まるパレードを見るなら、寒くなった時に着る上着を持っていくといいですね。

① 慣れない靴でテーマパークに行くと、どうなるかもしれませんか。
　□ 天気を確認しながら服を選ぶ　　　□ 不満を言いながら嫌な雰囲気で過ごす
　□ 楽しく話しながら1日を楽しむ　　□ お菓子を食べながら順番を待つ

② テーマパークに大人になってからも行くことがあるのはどうしてですか。
　_____からです。

③ どんな場合に、上着を持って行くといいですか。
　_____なら、上着を持っていくといいです。

⭐ 단어

テーマパーク 테마파크, 놀이공원　**スポット** 스폿, 장소, 지점　**気温** 기온　**せっかく** 모처럼　**不満** 불만　**過ごす** 보내다
スナック 스낵, 간식　**両手** 양손　**リュック** 백팩, 배낭　**ただし** 단, 다만　**パレード** 퍼레이드, 행렬, 행진　**順番** 순서

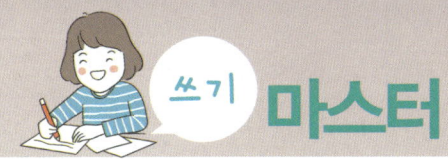
쓰기 마스터

○ 다음 예문과 같이 「〜ながら」와 「〜てから」를 사용해 교통 예절에 대해 작문해 봅시다.

> ヘッドフォンで音楽を聞きながら自転車に乗ってはいけません。
> 電車に乗る時は、降りる人が先に降りてから乗らなくてはいけません。

交通マナー

_____
_____
_____
_____
_____
_____
_____
_____

○ 작문한 내용을 서로 발표해 봅시다.

★ 단어

ヘッドフォン 헤드폰

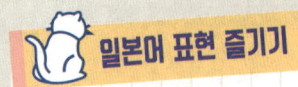

「의문사 + でも」와 「의문사 + も」의 차이

「의문사 + でも」와 「의문사 + も」는 둘 다 '전체, 전부'를 의미하지만 미묘하게 차이가 있다. 「의문사 + でも」는 주로 긍정문에서 '어느 한 가지를 골라도 모두 해당된다'는 의미로 사용된다. 한국어로는 보통 '~(이)든지'로 해석된다.

いつでも遊びに来てください。
언제든지 놀러 오세요.
まじめな人なら、誰でもいいです。
성실한 사람이라면 누구든지 괜찮습니다.

그러나 「의문사 + も」의 경우는 의문사에 따라 의미가 달라진다. 「いつも(언제나)」와 같이 시간 전체를 의미하는 경우도 있지만 「誰も(아무도)」와 같이 부정표현과 호응하는 경우도 있다.

教室には誰もいません。
교실에는 아무도 없습니다.
家にいる時は、いつもテレビを見ています。
집에 있을 때는 언제나 텔레비전을 봅니다.

何でも 무엇이든지	何も 아무것도
誰でも 누구든지	誰も 누구도
どれでも 어느 것이든지	どれも 어느 것이나
いつでも 언제든지	いつも 언제나

A 元気が一番、「元気があれば何でもできる」っていうじゃありませんか。 건강이 제일. '건강하면 뭐든지 할 수 있다'고 하잖아요.
B それはつまり、元気がなければ何もできないということですね。 그건 결국 건강하지 않으면 아무 것도 할 수 없다는 것이네요.

10

カラオケのプランを選ぶ

학습목표
1 상태 〜たまま
2 기한 〜までに
3 가정 〜(だ)と

회화 워밍업

○ 그림을 보면서 들어 봅시다. 🎧 TRACK 74

○ 다음 단어를 참고해서 노래방에서 해도 되는 일과 하면 안 되는 일을 묻고 답해 봅시다. 🎧 TRACK 75

> お酒を飲む ｜ 横になって寝る ｜ ダンスの練習をする
> 歌を歌わずに仕事をする ｜ 食べ物を持ってきて食べる

お客　このお店では＿＿＿＿＿＿＿＿＿＿＿＿＿＿＿ても/でもいいですか。
店員　いいえ、＿＿＿＿＿＿＿＿＿＿＿＿＿＿＿＿＿ないでください。

○ 대화를 잘 듣고 아래 질문에 답해 봅시다. 🎧 TRACK 76

> たける　映画が始まるまでまだ２時間もあるよ。
> ゆい　　そうだね。じゃあ、カラオケ行かない？
> たける　う〜ん、カラオケか。カラオケは、_____①_____がいいんじゃない？
> 　　　　２時間しかないから、カフェで_____②_____？
> ゆい　　うん、そうしよう。確かにカラオケで２時間は短いよね。
> たける　じゃあ、_____③_____カフェに行かない？
> ゆい　　いいよ。映画館の下だから、時間を気にしなくていいし、ちょうどいいね。

1　대화문의 빈칸에 들어갈 알맞은 말을 써 봅시다.

① _____

② _____

③ _____

2　대화의 내용에 대한 다음 질문에 답해 봅시다.

① どうして映画を見る前にカラオケには行かないことにしましたか。

_____

② どうして映画館の１階にあるカフェに行くことにしましたか。

_____

회화 마스터

● 노래방에 놀러 온 해리와 사토미　🎧 TRACK 77

店員　いらっしゃいませ。何時間のご利用ですか。

聡美　え～っと、２時間ぐらいかな…。

店員　大学生ですか。学生証があればこっちの料金です。

ヘリ　韓国の学生証でもいいですか。

店員　はい、大丈夫です。２時間の１ドリンクオーダーだと、３６０円に飲み物代が別にかかります。ドリンクバー付きのプランだと、８８０円です。

聡美　フリータイムだといくらですか。

店員　それだと、１ドリンクのほうが４５０円、ドリンクバー付きは９７０円です。

聡美　100円くらいしか変わらないから、フリータイムのドリンクバー付きにしようか。

ヘリ　うん、それにしよう。

聡美　帰る時、マイクは部屋に置いたままでもいいですか。

店員　このフリータイムのプランは午後７時までなので、それまでにこのカウンターにマイクを返してください。

★ 본문 회화를 큰 소리로 읽어 봅시다.   ★ 다른 사람과 짝이 되어 함께 말해 봅시다.

단어

学生証 학생증　**料金** 요금　**ドリンク** 음료　**オーダー** 오더, 주문　**飲み物代** 음료수 값　**ドリンクバー** 드링크 바
〜付き 〜딸림, 〜포함　**プラン** 계획, 안　**フリータイム** 프리타임, 자유 시간　**マイク** 마이크　**〜まま** 〜한 채, 〜대로
カウンター 카운터

10　カラオケのプランを選ぶ

1 〜たまま 〜(한) 채

「〜まま」는 어떤 상태가 변함없이 계속되는 것을 나타낸다. 동사의 경우는 특히 과거나 완료를 나타내는 「〜た」형에 결합하여 완료된 동작의 상태가 그대로 계속되고 있다는 것을 나타낸다.

A 毎日電車で出勤するのは大変ですね。 매일 전철로 출근하는 것은 힘드네요.
B はい、今朝もすごく混んでいてカンナム駅までずっと立ったままでした。
네, 오늘 아침도 아주 혼잡해서 강남역까지 쭉 선 채로 갔어요.

A 元気がないですね。夏バテですか？ 기운이 없네요. 여름 타요?
B いいえ。熱帯夜でクーラーをつけたまま寝たら風邪を引いてしまったんです。
아니요. 열대야 때문에 에어컨을 켠 채로 잤더니 감기에 걸리고 말았어요.

2 〜までに 〜까지

「〜までに」는 명사나 동사의 사전형에 접속하여 행위의 기한이나 마감을 나타낸다.

A レポートはいつまでですか。 리포트는 언제까지인가요?
B 来週の月曜日までに提出してください。 다음 주 월요일까지 제출해 주세요.

A 言葉では表現できないくらい、きれいなオーロラでした。
말로는 표현할 수 없을 정도로 아름다운 오로라였어요.
B 私も死ぬまでに一度は見てみたいです。 저도 죽기 전에 한 번은 보고 싶어요.

3 〜(だ)と 〜라면, 〜하면

「〜と」는 '조건'을 나타내는 접속조사로서 「春が来ると花が咲く(봄이 오면 꽃이 핀다)」와 같은 일반적인 조건뿐만이 아니라 'X가 성립하면 Y도 성립한다'는 가정조건도 나타낼 수 있다. 앞에 오는 단어가 명사인 경우에는 종지형 「〜だ(이다)+と」와 같이 일반적으로 보통체에 접속하지만 경우에 따라서는 「〜です(입니다)+と」와 같이 정중체에 사용되기도 한다.

A 天気が不安定だと、気圧の影響で関節痛を感じるようになりました。
날씨가 불안정하면 기압의 영향으로 관절통을 쉽게 느끼게 되었어요.

B 私も梅雨の時期は首や膝が痛くなります。やっぱり年でしょうか。
저도 장마철에는 목이나 무릎이 아파져요. 역시 나이일까요.

A このサイト、ウェブは開けますが、動画は見れませんね。
이 사이트, 웹 페이지는 열리는데 동영상은 볼 수 없네요.

B そうですね。空港のwifiだと制限がありますし、場所によってはつながりにくい所もありますからね。
그러네요. 공항 와이파이라면 제한이 있어서 장소에 따라서는 연결이 잘 안 되는 곳도 있으니까요.

 단어

出勤する 출근하다 **カンナム** 강남(지명) **夏バテ** 여름을 탐, 더위 먹음 **熱帯夜** 열대야 **クーラー** 쿨러, 에어컨, 냉방기 **オーロラ** 오로라 **不安定だ** 불안정하다 **気圧** 기압 **影響** 영향 **関節痛** 관절통 **時期** 시기 **膝** 무릎 **サイト** 사이트 **ウェブ** 웹 **開ける** 열리다 **動画** 동영상 **〜によっては** 〜에 따라서는

# 말하기 마스터

○ 다음 문장에서 한국어로 되어 있는 부분을 일본어로 바꾸어 말해 봅시다. 🎧 TRACK 78

① 인정 받기까지、長い時間がかかりました。

② 新しい薬が 개발되기까지、長い時間がかかりました。

③ 商品が家に 도착하기까지、長い時間がかかりました。

○ 밑줄 친 부분의 표현을 바꾸어 대화해 봅시다. 🎧 TRACK 79

> ゆい　ねぇ、<u>佐藤さんへのプレゼント</u>、<u>ボールペン</u>でもいいと思う？
> れな　う～ん、<u>ボールペン</u>だと、ちょっと…。

① 結婚式のご祝儀 | 1万円

② 面接に行く時のかばん | これ

⭐ 단어

認める 인정하다　開発する 개발하다　到着する 도착하다　面接 면접

○ 밑줄 친 부분의 표현을 바꾸어 대화해 봅시다. TRACK 80

> ゆい　朝までレポート書いてたから、すごく眠い。
> れな　お疲れ様。でも、眼鏡をかけたまま寝ないようにね。

① 化粧をする

② エアコンをつける

○ 밑줄 친 부분의 표현을 바꾸어 대화해 봅시다. TRACK 81

> ゆい　何、この服？
> たける　あぁ、それ。まだ洗濯してないやつ。週末までに洗濯すればいいと思って。
> ゆい　でも服って、汗をかいたまま放置すると臭くなるよ。
> たける　げっ。ほんとに？ じゃ、今からでも洗濯しとこう。

① 次に使う日 | 雨にぬれる

② 次に着る時 | 袋に入れる

단어

化粧 화장　**エアコン** 에어컨　**やつ** 것　**汗をかく** 땀을 흘리다　**放置する** 방치하다　**臭い** 고약한 냄새가 나다　**げっ** 웩
袋 주머니, 봉지

 읽기 마스터

○ 다음 글을 읽고 질문에 답해 봅시다.

カラオケの利用方法

カラオケと聞くと、歌を歌うために行くところ、と考える人が多いと思います。しかし最近は他の目的でカラオケの店を利用する人が増えているそうです。例えば何人かが集まって一緒に勉強をする場合、カフェだと話す声がうるさいかもしれないので、カラオケの店を利用することがあるそうです。休憩時間に歌を歌って、気分を変えることもできますね。仕事でも、打ち合わせをするために利用する人もいます。また、疲れた人がそこで休むこともあるそうです。カフェなどでは座ったまま休むしかありませんが、カラオケの店なら横になることができるからです。カラオケの店を利用する時は、さまざまな割引を活用しましょう。学生の場合、学生証を見せれば安くなります。また、前日までに予約をすると割引になるお店もあるそうです。さらにアプリでも割引サービスがいろいろあります。お店に行く前に調べてみるといいですね。

① カラオケの利用方法として、上の文章に書かれていないものはどれですか。
   □ 何人かが集まって勉強する   □ 横になりたい人がそこで休む
   □ 仕事の打ち合わせをする   □ 歌を歌ったり、楽器の練習をしたりする

② 疲れた人が休みたい時、カフェなどではどうするしかありませんか。

   カフェなどでは_____

③ 学生証やアプリ利用のほかに、どんな割引がありますか。

   _____と割引になることがあります。

 단어

目的 목적　**休憩** 휴식　**打ち合わせ** 회의　**前日** 전일, 하루 전　**アプリ** 어플(리케이션), 앱　**〜として** 〜(으)로, 〜(으)로서　**楽器** 악기

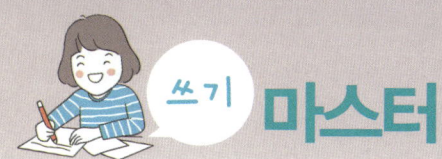
마스터

○ 다음 예문과 같이 「〜(た)まま」와 「〜(だ)と」를 사용해 고치고 싶은 자신의 습관에 대해 작문해 봅시다.

> 私は時々、パジャマを着たまま近くのコンビニに行きます。
> 近所だとあまり人に見られないので、支度をするのが面倒な時、そうします。

直したほうがいいと思っている習慣

_____
_____
_____
_____
_____
_____
_____
_____
_____

○ 작문한 내용을 서로 발표해 봅시다.

단어

パジャマ 파자마, 잠옷　支度 준비, 채비　面倒だ 귀찮다, 번거롭다

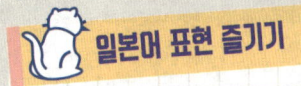

「～まで」와 「～までに」의 차이

「～まで」와 「～までに」는 둘 다 기한을 나타내며 한국어의 '～까지'에 해당하지만 서로 쓰임이 다르다. 「～まで」는 동작이나 상태가 어느 지점까지 계속되는 것을 의미하지만 「～までに」는 기간 중 어느 시점에서 발생해 완료되는 것을 의미한다. 따라서 「～までに」 뒤에는 계속성을 나타내는 표현이 오지 않는다.

3시까지 여기서 기다릴게요.
→ 3時までにここで待っています。 ✕
　 3時までここで待っています。 ○

A 私は、土日はもちろん平日もたいてい10時まで寝ていますよ。
저는 주말은 물론, 평일에도 대체로 10시까지 자요.

B じゃ、明日の朝、何時までに家に行けばいいですか。
그럼 내일 아침 몇 시까지 집으로 가면 될까요?

A 資料はいつまでに送っていただけますか。
자료는 언제까지 보내주실 수 있으신가요?

B 金曜日までにメールでお送りします。
　 水曜日まで出張なので、少し遅くなります。
금요일까지 이메일로 보내드리겠습니다. 수요일까지 출장이라 조금 늦어질 것 같습니다.

 단어

土日 토일, 주말　**資料** 자료　**出張** 출장

11

予約したチケットを変更する
よやく　　　　　　　　　　へんこう

학습 목표
1. 허가 ~て(も)かまわない
2. 변화 ~くする / ~にする
3. 정중 표현 ~でございます

회화 워밍업

○ 그림을 보면서 들어 봅시다. 🎧 TRACK 82

来週だったら、今週ほど忙しくないと思うから、ありがたいんだけど。

わかりました。では、今週の食事会は来週に変更いたします。

○ 다음 단어를 참고해서 겸양어로 자신의 행동을 제안해 봅시다. 🎧 TRACK 83

> 調べる ｜ リストを作る ｜ 報告する
> いいお店を探す ｜ 選んだお店に予約の電話をする

上司　食事会のお店選び、頼んでもいいかな。
部下　わかりました。金曜日までに_____。

⭐ 단어

ありがたい 감사하다, 고맙다　**食事会** 회식　**変更する** 변경하다　**リスト** 리스트, 목록　**報告する** 보고하다　**上司** 상사　**部下** 부하

○ 대화를 잘 듣고 아래 질문에 답해 봅시다. 🎧 TRACK 84

ゆい	来週のコンサート、_____①_____？
たける	あ〜、それね。行く予定だったんだけど…。
ゆい	え？行けなくなっちゃったの？
たける	うん。家族でおじいちゃんの家に_____②_____なって。ごめん。
ゆい	そうだったんだ、残念だね。 じゃ、来月、一緒に他のコンサートに行かない？
たける	いいの？ありがとう。 来月は_____③_____から、大丈夫だと思う。
ゆい	いいコンサートがないか、探しとくね。

1 대화문의 빈칸에 들어갈 알맞은 말을 써 봅시다.

① _____

② _____

③ _____

2 대화의 내용에 대한 다음 질문에 답해 봅시다.

① ゆいとたけるは、いつコンサートに行く予定ですか。

_____

② ゆいはこの後、何をしますか。

_____

11 予約したチケットを変更する

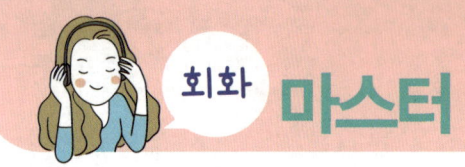

전화로 비행기 예약을 변경하는 해리 🎧 TRACK 85

オペレーター　お電話ありがとうございます。
桜エアライン、予約窓口の佐藤でございます。

ヘリ　あの、日にちの変更をお願いしたいんですが。

オペレーター　かしこまりました。
お名前とご予約番号をお願いいたします。

ヘリ　キムヘリ、予約番号は001426420です。

オペレーター　キムヘリ様、ご予約番号は001426420ですね。
お調べいたしますので、少々お待ちください。
お待たせいたしました。明日、6月20日、午前8時40分羽田発金浦着のフライトでございますね。
ご希望の変更日時はございますでしょうか。

ヘリ　日にちは23日で。出発時間も遅くしたいんですが、午後の便はありますか。

オペレーター　23日の午後でございますね。午後ですと、午後1時20分成田発仁川着、午後5時25分成田発仁川着、午後8時5分羽田発金浦着の3便に空きがございます。

ヘリ　その日は遅くなってもかまわないので、午後8時の便にします。

★ 본문 회화를 큰 소리로 읽어 봅시다.   ★ 다른 사람과 짝이 되어 함께 말해 봅시다.

단어

オペレーター 오퍼레이터, 전화 교환원　**エアライン** 에어라인　**窓口** 창구　**日にち** 날짜　**羽田** 하네다(지명)　**〜発** 〜발, 〜출발
金浦 김포(지명)　**〜着** 〜착, 〜도착　**フライト** 비행　**日時** 일시　**〜便** 비행편　**成田** 나리타(지명)　**仁川** 인천(지명)　**空き** 빈, 공석

11 予約したチケットを変更する

1 〜て(も)かまわない ~해도 상관없다

「〜て(も)かまわない」는 조사와 동사의 부정형이 결합된 복합적인 형태로 '~해도 상관없다, ~해도 신경 쓰지 않는다'는 뜻을 나타낸다. 의미상 「〜て(も)いい(~해도 좋다)」로 바꿔 쓸 수 있다.

A 息子が塾をやめたいと言い出したんですが…。
   아들이 학원을 그만두고 싶다고 하는데요….

B やる気があるなら一人でも勉強できるし、塾はやめてもかまわないと思います。 할 마음이 있으면 혼자서도 공부할 수 있으니 학원은 그만둬도 상관없다고 생각해요.

A あそこのブックカフェ、コーヒー１杯３００円で、一日中いてもかまわないらしいですよ。 저기 북카페, 커피 한 잔이 300엔에 하루 종일 있어도 괜찮다고 해요.

B えっ、そんなに安くて、もうかるのでしょうか。 앗, 그렇게 싸게 해서 남는 게 있을까요?

2 い형용사 くする ~하게 하다
な형용사 にする ~하게 하다

「〜くする / 〜にする」는 각각 い형용사와 な형용사가 나타내는 속성이나 상태의 변화를 나타낸다. 이 경우에는 특히 「する」라는 동사가 사용되고 있기 때문에 어떤 대상을 변화시킨다는 행위의 목적이나 의도가 드러난다.

A 家庭で水道水をおいしくする方法はありますか。
   가정에서 수돗물을 맛있게 하는 방법은 있을까요?

B 沸騰させずにすぐにおいしい水が飲みたいなら、レモン汁を入れるといいですよ。 끓이지 않고 바로 맛있는 물을 마시고 싶다면 레몬즙을 넣으면 좋아요.

A　トイレの掃除は、面倒で大変ですよね。　화장실 청소는 귀찮고 힘들어요.

B　はい。でもトイレは一日何度も使う場所ですから、毎日少しずつ掃除をして、きれいにしています。毎日掃除した方が、掃除も楽ですよ。
네. 하지만 화장실은 하루에 몇 번이나 사용하는 장소이니 매일 조금씩 청소를 해서 깨끗하게 하고 있어요. 매일 청소하는 편이 청소도 편해요.

③ ～でございます　～입니다 (정중 표현)

「～でございます」는 단정을 나타내는 「～です」「～であります」보다 더 정중한 표현이다. 원래 「ございます」는 「ある/いる」의 겸양어인 「ござる」에 「ます」가 붙은 형식으로 존재를 나타내는 정중한 표현인데, 이것이 단정을 나타내는 표현으로 사용된다. 비즈니스나 격식을 차린 자리 등에서 자주 사용되는 표현이다.

A　すみません。浴衣は何階ですか。　실례합니다. 유카타는 몇 층인가요?

B　和服売り場は3階でございます。　일본 전통 옷 매장은 3층에 있습니다.

A　はい、お電話代わりました。山本でございます。
네, 전화 바꿨습니다. 야마모토입니다.

B　先日伺ったナラ貿易のキムでございます。　지난번에 찾아 뵀던 나라무역의 김이라고 합니다.

 단어

塾 학원　**やる気** 의욕, 할 마음　**ブックカフェ** 북카페　**もうかる** 벌이가 되다, 이득이 남다　**水道水** 수돗물
沸騰させる 끓게 하다, 끓이다　**レモン汁** 레몬즙　**和服** 일본 전통 옷　**先日** 지난번, 요전번　**貿易** 무역

말하기 마스터

○ 다음 문장에서 한국어로 되어 있는 부분을 일본어로 정중하게 바꾸어 말해 봅시다. 🎧 TRACK 86

① お待たせいたしました。こちら、ステーキ 입니다。

② お待たせいたしました。こちら、おかわりのコーヒー 입니다。

③ お待たせいたしました。こちら、コンサートのチケット 입니다。

○ 밑줄 친 부분의 표현을 바꾸어 말해 봅시다. 🎧 TRACK 87

> もう少し音 │ 大きい │ 横のスイッチを押す
> → このパソコン、もう少し音を大きくしたいなら横のスイッチを押せばいいですよ。

① 画面 │ 明るい │ コードをコンセントにつなぐ

　→ _____

② キーボード │ きれい │ 掃除機でゴミを吸う

　→ _____

⭐ 단어

画面 화면　**コード** 코드　**コンセント** 콘센트　**つなぐ** 연결하다　**掃除機** 청소기

○ 밑줄 친 부분의 표현을 바꾸어 대화해 봅시다. 🎧 TRACK 88

学生　すみません、レポートを家に忘れて来てしまいました。
先生　そうですか。明日出してもかまいませんよ。

① 風邪でテストを休む ｜ 来週受ける

② 授業のプリントをなくす ｜ 余ったプリントを持っていく

○ 밑줄 친 부분의 표현을 바꾸어 대화해 봅시다. 🎧 TRACK 89

たける　このマンガ読んでもいい？
ゆい　　読んでもかまわないけど、汚くしないでよ。
たける　うん、わかった。きれいに読む。
ゆい　　じゃあ、いいよ。

① 明日、遊びに行く ｜ 来る ｜ 親がいるからうるさい ｜ 静かに遊ぶ

② このホットケーキ、シロップをかける ｜ かける ｜ あまり甘い ｜ 少しだけかける

⭐ 단어

余る 남다　マンガ 만화　ホットケーキ 핫케이크　シロップ 시럽

읽기 마스터

○ 다음 글을 읽고 질문에 답해 봅시다.

飛行機が急にキャンセルになった時

海外で飛行機が急にキャンセルになった時どうすればいいか、不安に思う人が多いのではないでしょうか。台風の影響などで天気が悪い時、飛行機のフライトがキャンセルされることは少なくありません。このような場合、「予約を変更する」と「お金を返してもらう」の2通りの方法があります。予約を変更する場合は、購入した航空会社のカウンターやコールセンター、ウェブサイトで手続きをします。次の日の便でもかまわないという人は急ぐ必要はありませんが、到着時間を少しでも早くしたいという人は、すぐに連絡をしてください。また、返してもらう場合は連絡が遅すぎるとお金を返してもらえないこともあるので、注意してください。電話代がかかってもかまわないという人は、自分の国にある支社に電話して手続きをしてもらうのもおすすめです。この方法であれば、外国の言葉があまりよくわからなくても、楽に手続きをすることができます。

① 予約を変更する場合の手続きとして、当てはまらないものを選んでください。
  - ☐ 航空会社のカウンターに行って変更する
  - ☐ コールセンターに電話して変更する
  - ☐ 友達に連絡して変更する
  - ☐ 航空会社のウェブサイトで変更する

② 急いで連絡をしなくてもいいのはどんな人ですか。
  _____という人です。

③ 自分の国にある支社に電話するのは、どんな人におすすめですか。
  _____という人におすすめです。

단어

～通り ~가지, ~종류　**購入する** 구입하다　**航空** 항공　**手続き** 수속　**支社** 지사　**当てはまる** 해당하다, 적합하다

쓰기 마스터

○ 다음 예문과 같이 「〜くする/〜にする」와 「〜て(も)かまわない」를 사용해 자신을 어떤 모습으로 바꾸고 싶은지 대해 작문해 봅시다.

> イメージチェンジをするなら、髪をとても短くして、髪の色も明るくしたいです。髪の色は茶色じゃなくてもかまいません。緑色もいいかもしれないと思います。

イメージチェンジ

___
___
___
___
___
___
___
___

○ 작문한 내용을 서로 발표해 봅시다.

⭐ **단어**

イメージチェンジ 이미지 체인지, 이미지 변화

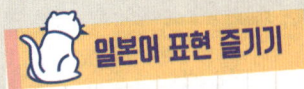 일본어 표현 즐기기

형용사에도「ございます」를?

1950년대까지 い형용사의 정중한 표현은「～でございます」를 사용하고 있었다. 그러나 명사나 な형용사에 붙이는「～です」나 동사에 붙이는「～ます」에 비교해서 い형용사에「～でございます」를 붙이는 활용은 형용사의 종류에 따라 다양했다.
예를 들어「広い(넓다)」의 경우는「広くございます」가 아니라「広うございます」와 같이「～く」가「～う」로 변하는 활용을 하는 반면,「若い」와 같이 어간이「～か」인 경우에는「わこうございます」가 되고,「美しい」와 같이「～し」인 경우는「うつくしゅうございます」가 되는 등 활용 자체가 복잡하고 어려웠다.
이에 1952년에 일본 국어심의회에서 い형용사의 정중한 표현은「～でございます」의 사용을 지양하고 명사와 な형용사처럼「～です」표현을 사용하자고 고지한 이후 현재는 일상 회화에서「い형용사 +～でございます」형식은 극히 적어졌다. 한 때「おいしゅうございます」라는 표현이 유행한 적도 있었지만, 실제 현대 일본어에서 い형용사의 정중체는「～です」로 충분하다고 말할 수 있다.

A この間テレビで「おいしゅうございます」という言葉を聞いたんですが、よく使う表現ですか。 요전에 텔레비전에서 '맛있습니다(おいしゅうございます)'라는 말을 들었는데요, 잘 쓰는 표현인가요?

B あ、それは、テレビの人気番組のセリフで、流行語になった言葉です。普通、形容詞に「ございます」を使うことはあまりないですが、「おいしゅうございます」だけは今もまれに使われますね。 아, 그건 텔레비전 인기 프로그램의 대사로 유행어가 된 말입니다. 보통 형용사에 'ございます'를 사용하는 경우는 별로 없는데요, 'おいしゅうございます'만은 지금도 드물게 쓰여요.

 단어

セリフ 대사   **流行語** 유행어   **形容詞** 형용사   **まれだ** 드물다

12

空港で荷物を別に送る

학습 목표
1. 확신 〜はずだ
2. 당위 〜ことになる
3. 한정 〜ばかり

○ 그림을 보면서 들어 봅시다. 🎧 TRACK 90

○ 다음 단어를 참고해서 존경어로 손님에게 제안해 봅시다. 🎧 TRACK 91

> 近くの美術館に行く ｜ 展望台から景色を見る ｜ マッサージを受ける
> 駅のデパートでお土産を買う ｜ バスツアーで観光スポットを回る

お客　新幹線に乗る前に2時間ほど時間があるんですが、何かおすすめがありますか。

店員　それでしたら、＿＿＿＿＿＿＿＿＿＿＿＿＿＿＿＿＿のも、おすすめです。

⭐ 단어

ソースをかける 소스를 뿌리다　**状態** 상태　**召し上がる** 드시다　**展望台** 전망대　**マッサージ** 마사지　**ツアー** 투어
新幹線 신칸센 (일본의 고속 철도 열차)

○ 대화를 잘 듣고 아래 질문에 답해 봅시다. 🎧 TRACK 92

> たける　あれ、携帯がない。困ったな。どこかに落としたのかな。
> ゆい　　え？たけるの携帯？う～ん…、この教室には_____①_____。
> 　　　　ここに来る前に、たけるはどこで何をしてたの？
> たける　え～っと、コンビニで飲み物買って…。
> 　　　　あ、_____②_____図書館で勉強してた。
> 　　　　それから図書館で勉強した後、先生の研究室にも書類出しに行った。
> ゆい　　コンビニと図書館と研究室ね。
> 　　　　どこかに携帯が_____③_____ね。
> たける　図書館に行く前に携帯を見た記憶はあるんだけどな…。

1　대화문의 빈칸에 들어갈 알맞은 말을 써 봅시다.

①　_____

②　_____

③　_____

2　대화의 내용에 대한 다음 질문에 답해 봅시다.

① 図書館で勉強した後のたけるの行動を二つ答えてください。

_____

② たけるが携帯電話を最後に見たのはいつですか。

_____

⭐ **단어**

記憶 기억　**行動** 행동

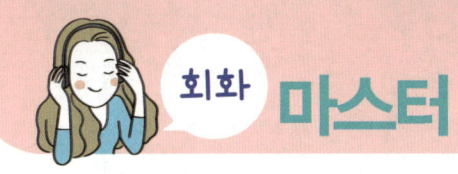

- 탑승 수속을 하며 수하물을 확인하는 해리 TRACK 93

カウンター　大変申し訳ございません。
　　　　　　無料でお預かりできるお荷物は２３キロまででございます。

ヘリ　　　　え～！どうしよう。
　　　　　　今３３キロだから、１０キロもオーバーか…。
　　　　　　頼まれたものを忘れずに買うことばかり考えていて、重さのことをすっかり忘れてた。

カウンター　３２キロを超えるお荷物ですと、２万円の超過料金をお支払いいただくことになっております。

ヘリ　　　　２万円ですか！？ 高すぎる…。
　　　　　　中身はお土産ばかりだから、減らせないし…。

カウンター　まだ出発までお時間もございますし、空港から送られるのはいかがでしょうか。

ヘリ　　　　あ、なるほど！そうします。
　　　　　　荷物を送る場所がどこにあるか、教えてもらえますか。

カウンター　そちらの通路をまっすぐ行くと突きあたりに郵便局がございます。
　　　　　　確か、段ボールやクッション材などもあるはずなのですが。

ヘリ　　　　ありがとうございます。さっそく行ってみます。

★ 본문 회화를 큰 소리로 읽어 봅시다.

★ 다른 사람과 짝이 되어 함께 말해 봅시다.

단어

無料 무료 **預かり** 맡아 둠, 보관 **オーバー** 초과함 **超える** 넘다, 초과하다 **超過** 초과 **中身** 내용물 **減らす** 줄이다 **通路** 통로
突きあたり 막다른 곳 **郵便局** 우체국 **段ボール** 골판지(상자) **クッション材** 충전재

12 空港で荷物を別に送る | 145

1 〜はずだ (당연히) 〜일/할 것이다

「〜はずだ」는 말하는 사람이 논리적으로 볼 때 어떤 근거를 가지고 당연히 그럴 것이라고 '확신'하는 내용을 서술하는 경우에 사용된다. 한국어로는 '당연히 〜하다'와 같이 부사를 보충하여 해석할 수 있다.

A 電車は前の駅を出発したところなので、もうすぐ来るはずです。
전철은 전 역을 막 출발한 참이니 곧 올 겁니다.

B 最近はモニターで電車の位置が分かるから本当に便利ですね。
요즘에는 모니터로 전철의 위치를 알 수 있어서 정말 편리하네요.

A ここのサムゲタン、この前、放送局の取材が来てたよね？
여기 삼계탕, 요전에 방송국에서 취재 왔었지?

B はい、来週の水曜日の7時から料理番組で放送されるはずなんですが。
네, 다음 주 수요일 7시부터 요리 프로그램에서 방송될 예정입니다만.

2 〜ことになる 〜하게 되다

「〜ことになる(〜하게 되다)」는 자신의 의지와 관계없이 결정되거나 자연스럽게 그렇게 된 사실을 전달할 때 사용된다. 격식 있는 자리나 문장체에서는 「〜こととなる」와 같이 사용되기도 한다.

A 私、来年の4月から日本で働くことになりました。
저 내년 4월부터 일본에서 일하게 되었습니다.

B 就職おめでとうございます！ 취직 축하해요!

A このエリアは食べ物を持ちこんではいけないことになっています。
이 구역은 음식물을 반입해서는 안 되게 되어 있습니다.

B 知りませんでした。すみません。 몰랐어요. 죄송합니다.

3 ～ばかり ～만, ～뿐

「～ばかり」는 '오로지 그것 밖에'라는 한정의 의미를 나타낸다. 같은 사물만 취하거나 또는 같은 행위만 반복하는 경우에 사용된다. 회화에서는 강조하여 「ばっかり」라고도 한다.

A 新しい職場、雰囲気はどうですか。 새로운 직장 분위기는 어떤가요?

B みなさん優しい方ばかりなので、質問しやすい雰囲気です。
모두 친절한 분들뿐이라 질문하기 쉬운 분위기예요.

A うちの子たちは、毎日ゲームばかりしていて本当に困っています。どうすればゲームに向けている関心を、少しでも勉強に向けさせられますかね。
우리 애들은 매일 게임만 해서 정말 곤란해요. 어떻게 하면 게임을 향해 있는 관심을 조금이라도 공부로 향하게 할 수 있을까요?

B まずはゲームをすることが悪いのではなく、けじめがないことが悪いと言い聞かせてみてください。そして、１日１時間とか３０分とか、ゲームをする時間を決めるといいですよ。 우선은 게임을 하는 것이 나쁜 것이 아니라 구분이 없는 것이 나쁘다고 타일러 보세요. 그리고 하루에 한 시간이나 30분, 게임을 하는 시간을 정하면 좋아요.

 단어

モニター 모니터, 화면 位置 위치 サムゲタン 삼계탕 放送局 방송국 取材 취재 番組 프로그램 放送 방송 エリア 구역
持ちこむ 가지고 들어가다, 반입하다 職場 직장 向ける 향하다 関心 관심 けじめ 구분, 분간 言い聞かせる 타이르다, 훈계하다

# 말하기 마스터

○ 다음 문장에서 한국어로 되어 있는 부분을 일본어로 바꾸어 말해 봅시다. 🎧 TRACK 94

① 彼は最近、冬休みに スキ를 타러 가는 것만 考えています。

② 彼は夜になると、여자친구에게 차인 것만 思い出しています。

③ 彼はこのごろ、월급이 깎인 것만 話しています。

○ 밑줄 친 부분의 표현을 바꾸어 말해 봅시다. 🎧 TRACK 95

> 写真を撮ってはいけません。
> → あの、ここでは写真を撮ってはいけないことになっているんですが。

① お酒を飲んではいけません。

　→ _____

② 最後に帰る人が電気を消します。

　→ _____

⭐ 단어

冬休み 겨울방학　**ふられる** 차이다　**給料** 월급, 급료

○ 밑줄 친 부분의 표현을 바꾸어 대화해 봅시다. 🎧 TRACK 96

> 田中　あれ、<u>鍵がかかっています</u>ね。
> パク　変ですね。<u>休日だから親が家にいる</u>はずなんですが…。

① 佐藤さんの車がある ｜ 車で出かけた

② お店の電気が消えている ｜ 火曜日だから開いている

○ 밑줄 친 부분의 표현을 바꾸어 대화해 봅시다. 🎧 TRACK 97

> ともや　<u>修学旅行で韓国に行く</u>ことばかり考えてて、全然勉強が手につかない。
> たける　え？<u>修学旅行は九州に行く</u>はずだけど。
> ともや　え！？そうなの？
> たける　知らなかったの？先週、<u>急に九州に行く</u>ことになったんだよ。

① 週末、合コンに参加します ｜ 合コンは来月に延期されました ｜ 来月にします

② 来月新しいゲームが発売されます ｜ そのゲーム、発売中止になりました ｜ 発売されません

⭐ 단어

修学旅行 수학여행　**手につかない** (일이) 손에 잡히지 않다, 집중할 수 없다　**九州** 큐슈(지명)　**合コン** (단체) 미팅
延期する 연기하다, 연기되다　**発売する** 발매하다

읽기 마스터

○ 다음 글을 읽고 질문에 답해 봅시다.

帰国時の荷物の準備

海外に行って帰国する時、友達や家族にあげるお土産のことばかり考えて、スーツケースの重さを量らずに荷物を詰めてしまうと、空港で大変なことになります。航空会社によって値段に違いがありますが、荷物が決められた重さを超えてしまった場合、追加料金を払うことになっています。スーツケースが重くなりそうな時は、飛行機に持ち込む荷物を工夫しましょう。ほとんどの航空会社では、飛行機の中に小さなハンドバッグと8キロぐらいのかばんを持ち込むことが許されています。飲み物などの液体はダメですが、それ以外の重い物は飛行機の中に持ち込む荷物の中に入れるといいでしょう。荷物は全部詰めたはずだと思っていても、帰る日の朝、まだ入れていないものを見つけることがよくあります。また、空港でさらにお土産を買うかもしれません。荷物をスーツケースに詰める時は、決められた重さより少し軽めにしておきましょう。

① 荷物が決められた重さを超えてしまった場合、どうすることになっていますか。
  □ 荷物を捨てる   □ 荷物を空港で働く人にあげる
  □ 追加料金を払う   □ 新しいかばんを買う

② 飛行機の中に持ち込む荷物にどんな物を入れるといいですか。
  _____

③ どう思っていてもまだ入れていないものを見つけることがありますか。
  _____と思っていても、見つけることがあります。

단어

帰国 귀국　**量る** 재다　**詰める** 채우다, 채워 넣다　**違い** 차이　**追加** 추가　**ハンドバッグ** 핸드백　**許す** 허가하다, 허용하다
液体 액체　**軽め** 가벼운 듯함

 쓰기 **마스터**

○ 다음 예문과 같이 「〜ことになっている」와 「〜はずだ」를 사용해 일상 생활과 관련된 규칙에 대해 작문해 봅시다.

> 私の住んでいる地域では燃えるごみは火曜日の朝に出すことになっています。
> でも他の曜日に出す人も少なくありません。
> みんながルールを守れば、ごみが何日も放置されることはなくなると思います。
> そうなれば、街はもっときれいになるはずです。

生活の中のルール

_____
_____
_____
_____
_____
_____
_____
_____
_____

○ 작문한 내용을 서로 발표해 봅시다.

⭐ **단어**

地域 지역   燃える 타다

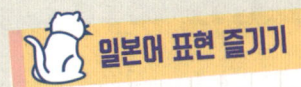 일본어 표현 즐기기

「する」와 「なる」의 언어학

문법적으로 보면 「する(하다)」는 타동사이고 「なる(되다)」는 자동사이므로 「~ことにする(하기로 하다)」는 자신의 의지로 결정했다는 의미가 뚜렷하게 드러나는 데 비하여 「~ことになる(하게 되다)」는 자신의 의지와는 상관 없이 타인에 의해 결정되거나 자연스럽게 그런 결론에 도달했다는 의미를 나타낸다. 그러나 실제 사용을 보면 자신이 결정한 일임에도 불구하고 「~ことになる」를 사용하는 경우를 볼 수 있다.

이와 같은 표현은 일본의 언어 문화의 특징 중 하나로서 서구의 「する文化」에 대하여 「なる文化」라고도 불린다. 즉 일본에서는 종종 의식적 또는 무의식적으로 자신의 존재나 책임의 소재를 흐리고 주위의 환경이나 사건의 흐름에 맡기는 경우가 많다. 이것은 자신 보다는 자신을 둘러싼 환경이나 집단을 우선시 하는 세계관과도 관련이 있다.

따라서 일본어에서는 같은 내용을 전달하더라도 자신의 의지나 결정이 명확하게 드러나는 「~ことにする」보다는 어떻게 하다 보니 그렇게 되었다는 뉘앙스를 가진 「~ことになる」가 자주 사용되는 것을 볼 수 있다.

A 皆さんに発表があります。
　実は、6月に結婚する ことになりました！
　여러분에게 발표할 것이 있습니다. 실은 6월에 결혼하게 되었습니다!
B 本当ですか。おめでとうございます。 정말이에요? 축하해요.

A いい物件が見つかったので、来月引っ越す ことにしました 。
　좋은 집을 발견해서 다음 달에 이사하게 되었습니다.
B そうですか。私は、今住んでいる家をリフォームする ことに なりました 。 그래요? 저는 지금 살고 있는 집을 리폼하게 되었어요.

⭐ **단어**

発表 발표　**物件** 물건, 방, 건물　**リフォームする** 리폼하다

부록

- 스크립트 및 모범 답안
- 문법 찾아보기
- 단어 찾아보기

스크립트 및 모범 답안

1 空港で久しぶりに会う

회화 워밍업

M 12月에 홋카이도에 가기로 했어요.
F 좋네요. 아주 추우니까 따뜻한 코트를 입고 가는 편이 좋아요.

○

田中　7月に済州島に行くことにしました。
　　　7월에 제주도에 가기로 했어요.

パク　いいですね。7月は雨がたくさん降るので、
　　　傘を持って行ったほうがいいですよ。
　　　좋네요. 7월에는 비가 많이 내리니까 우산을 가지고 가는 편이 좋아요.

　　　いいですね。7月は雨がたくさん降るので、
　　　タオルを持ち歩いたほうがいいですよ。
　　　좋네요. 7월에는 비가 많이 내리니까 수건을 가지고 다니는 편이 좋아요.

　　　いいですね。7月は雨がたくさん降るので、
　　　レインコートを準備したほうがいいですよ。
　　　좋네요. 7월에는 비가 많이 내리니까 우비를 준비하는 편이 좋아요.

　　　いいですね。7月は雨がたくさん降るので、
　　　替えの靴下を用意したほうがいいですよ。
　　　좋네요. 7월에는 비가 많이 내리니까 여분의 양말을 준비하는 편이 좋아요.

　　　いいですね。7月は雨がたくさん降るので、
　　　長靴をはいて行ったほうがいいですよ。
　　　좋네요. 7월에는 비가 많이 내리니까 장화를 신고 가는 편이 좋아요.

○

다케루　여름방학 계획 정해졌어?
유이　응, 혼자서 홋카이도에 가기로 했어.
다케루　오, 홋카이도. 좋겠다. 유이는 운전면허 있어?
유이　아니, 없어. 내년에 딸 생각이야.
다케루　그래? 그럼 렌터카는 못 빌리겠네. 홋카이도는 넓어서 자동차로 여행하면 편하거든.
유이　그렇구나. 그럼 운전면허 있는 친구랑 가야지.
다케루　아, 나 면허 있어.

1　① 行くことにした
　　② 来年取るつもり
　　③ 旅行すると楽だよ
2　① 運転免許を持っていないからです。
　　② 北海道は広いからです。

회화 마스터

해리　오랜만이에요!
아이　잘 지냈어?
해리　네. 일부러 공항까지 와 주셔서 고마워요. 짐도 많은데, 살았어요.
민수　전철이라면 좀 돌아가니까.
아이　새리도 잘 지내?
해리　변함 없이 잘 지내고 있어요. 새리도 두 사람을 만나고 싶어해요. 아, 새리한테 일본에 도착했다고 연락해야 하는데.
아이　한국 휴대폰, 쓸 수 있어?
해리　네. 일본에 도착하면 바로 쓸 수 있도록 한국 공항에서 계약하고 왔어요.
아이　역시! 준비성이 좋네.
민수　그건 그렇고 짐이 엄청나네. 뭘 이렇게 갖고 왔어?
해리　대부분 기념품이야. 오랜만에 만나는 친구에게 한국의 기념품 많이 사왔어.

말하기 마스터

○
① 母もこの映画を見たがっています。
② 友達もおしゃれで安い靴を買いたがっています。
③ 妹もあそこのカフェで休みたがっています。

○
① 一人で浴衣が着られるように、映像を見て練習しています。
② 一人でこの場所に行けるように、行き方を調べています。

○
① たける　今日のお昼を買ってくるから、ここでちょっと待ってて。오늘 점심을 사 올 테니까 여기서

　　　　잠깐만 기다려.
ゆい　あ、もしよかったら、ついでにアイス
　　　コーヒーを買ってきてくれない？
　　　아, 혹시 괜찮으면 가는 김에 아이스 커피 사다 줄래?
② たける　図書館で本を借りてくるから、ここで
　　　ちょっと待ってて。
　　　도서관에서 책 빌리고 올 테니까 여기서 잠깐만 기다려.
ゆい　あ、もしよかったら、ついでにこの本を
　　　返してきてくれない？
　　　아, 혹시 괜찮으면 가는 김에 이 책 반납 해줄래?

○
① たける　今日、荷物が多いね。오늘 짐이 많네.
りょうた　授業の後、すぐにプールで泳げるよう
　　　　　に、水着とタオルを持ってきたんだ。
　　　　　수업 후에 바로 수영장에서 헤엄칠 수 있도록 수영복과 수건을 가지고 왔거든.
たける　さすが！準備がいいね。そういえば、と
　　　もやもプールで泳ぎたがってたよ。
　　　역시! 준비가 좋네. 그러고 보니 토모야도 수영장에서 헤엄 치고 싶어 했어.
りょうた　そう？じゃ、ともやも誘ってみよう。
　　　　　그래? 그럼 토모야도 불러야지.
② たける　今日、荷物が多いね。오늘 짐이 많네.
りょうた　授業の後、すぐに図書館で勉強できる
　　　　　ように、本とパソコンを持ってきたんだ。
　　　　　수업 후에 바로 도서관에서 공부할 수 있도록 책과 노트북을 가지고 왔거든.
たける　さすが！準備がいいね。そういえば、と
　　　もやも一緒に勉強したがってたよ。
　　　역시! 준비가 좋네. 그러고 보니 토모야도 같이 공부하고 싶어 했어.
りょうた　そう？じゃ、ともやも誘ってみよう。
　　　　　그래? 그럼 토모야도 불러야지.

읽기 마스터

해외여행을 즐기는 방법
여러분은 혼자서 해외여행을 한 적이 있습니까? 저는 제가 좋아하는 것에 돈과 시간을 쓸 수 있도록 최근에는 혼자서 해외여행을 하고 있습니다. 예를 들어 제 친구는 해외에 가면 반드시 면세점에 가고 싶어 합니다. 하지만 저는 브랜드 제품에 흥미가 없습니다. 그래서 저는 혼자서 해외여행을 할 때 면세점이 아니라 슈퍼마켓에 잘 갑니다. 슈퍼마켓에서는 일본에는 없는 먹을 거리를 잔뜩 살 수 있습니다. 또 슈퍼마켓에 가면 현지 사람의 평소 생활을 볼 수 있어서 즐겁습니다. 맛있는 음식을 사 와서 여행 후에 일본에서 그것을 먹으면 여행의 즐거웠던 시간을 떠올릴 수 있습니다. 가족들도 해외에서 산 음식을 먹고 싶어 하기 때문에 기념품은 많이 삽니다. 게다가 저는 여행 중에 현지에서 새로운 친구를 만들 수 있도록 주변 사람들에게 자주 말을 걸도록 의식하고 있습니다. 현지 사람과의 의사소통도 해외여행을 즐기는 하나의 방법이라고 생각합니다.

① 海外で買った食べ物を食べたがる
② おいしい食べ物を買ってきて、旅行後に日本でそれを食べれば、思い出すことができます。
③ 現地で新しい友人を作れるように、周りの人によく話しかけることを意識しています。

2 結婚式参加に関して相談する

회화 워밍업

F1　일본 결혼식에 청바지를 입고 가도 되나요?
F2　청바지는 너무 캐주얼해요. 입지 않는 편이 좋아요.

○
パク　週末、友達の結婚式に行きます。スニーカー
　　　をはいて行ってもいいですか。
　　　주말에 친구 결혼식에 가요. 운동화를 신고 가도 될까요?
田中　う～ん、はいて行かないほうがいいですよ。
　　　음, 신고 가지 않는 편이 좋아요.
パク　週末、友達の結婚式に行きます。白いワンピ
　　　ースを着てもいいですか。
　　　주말에 친구 결혼식에 가요. 흰 원피스를 입어도 될까요?
田中　う～ん、着ないほうがいいですよ。

パク 週末、友達の結婚式に行きます。少し遅れて行ってもいいですか。
주말에 친구 결혼식에 가요. 조금 늦게 가도 될까요?

田中 う～ん、遅れて行かないほうがいいですよ。
음, 늦게 가지 않는 편이 좋아요.

パク 週末、友達の結婚式に行きます。黒いストッキングをはいてもいいですか。
주말에 친구 결혼식에 가요. 검은 스타킹을 신어도 될까요?

田中 う～ん、はかないほうがいいですよ。
음, 신지 않는 편이 좋아요.

パク 週末、友達の結婚式に行きます。恋人と一緒に行ってもいいですか。
주말에 친구 결혼식에 가요. 연인이랑 함께 가도 될까요?

田中 う～ん、一緒に行かないほうがいいですよ。
음, 함께 가지 않는 편이 좋아요.

○

다케루	이 머그컵이랑 저 와인글라스, 어느 쪽이 좋다고 생각해?
유이	다음 달에 결혼하는 사촌에게 선물하는 거지?
다케루	응, 집에서 잘 사용하는 물건 쪽이 좋겠지?
유이	그럼 머그컵? 와인글라스보다 머그컵 쪽이 더 잘 사용할 거라고 생각해.
다케루	그런가? 그럼 이걸로 해야지.
유이	잠깐 기다려 봐. 같은 색이 아니라 다른 색으로 사는 게 좋지 않아?
다케루	그러네! 같은 색이면 누구건지 모르겠다.

1 ① 来月結婚する
　 ② のほうがよく使う
　 ③ わからなくなるし

2 ① ワイングラスよりマグカップのほうがよく使うと思ったからです。
　 ② 同じ色だと(そのマグカップが)誰のかわからなくなるからです。

회화 마스터

아이	이번에 결혼식에 참석하기 위해서 일본에 온 거지?
해리	네, 동아리 선배가 결혼해서요.
아이	결혼식에 입고 갈 옷은 가지고 왔어?
해리	아니요. 어떤 옷을 입고 가면 좋을지 몰라서 사지 않고 왔어요. 내일 친구랑 사러 가려구요.
아이	한국보다 여러 가지 세세한 규칙이 있으니까 힘들지.
민수	축의금 넣을 봉투 준비해 왔어?
해리	어? 봉투?
아이	맞아 맞아. 결혼식용으로 특별한 봉투가 있으니까 사 둬야 해.
해리	몰랐어요. 그 밖에 뭔가 주의해야 할 게 있나요?
민수	금액도 한국하고는 완전 달라. 친구라면 3만 엔 정도 건네는 게 보통이니까.
해리	사, 삼만 엔!!!

말하기 마스터

① 朝ご飯を食べずに来たので、お腹がすきました。
② 宿題をせずに学校に来たので、先生に注意されました。
③ 天気予報を見ずに来たので、傘を持ってきませんでした。

○

① 家族の朝ご飯を作るために、毎朝6時に起きています。
② 混んでいない電車に乗るために、毎朝6時に起きています。

○

① ゆい　ちょっと時間ある？近くのスーパーで夕飯の材料を買っていかない？
　　잠깐 시간 있어? 근처 슈퍼마켓에서 저녁밥 재료를 사고 가지 않을래?

　 れな　いいね、そうしよう。좋아, 그렇게 하자.

② ゆい　ちょっと時間ある？セールをしているお店でかわいい服がないか見ていかない？
　　잠깐 시간 있어? 세일하고 있는 가게에 귀여운 옷이 없는지

보고 가지 않을래?

れな いいね、そうしよう。 좋아, 그렇게 하자.

○

① たける 重い荷物を持っていくのは大変だから、郵便で送ろう。
무거운 짐을 들고 가는 것은 힘드니까 우편으로 보내자.

ゆい どうして？ 어째서?

たける 前、郵便で送らずに行って、本当に大変だったんだ。
전에 우편으로 보내지 않고 가서 정말 힘들었거든.

ゆい そうなんだ。先に聞いておいてよかった。
그렇구나. 미리 물어보길 잘했다.

② たける サンダルをはいていくのは大変だから、ここで運動靴に替えよう。
샌들을 신고 가는 것은 힘드니까 여기서 운동화로 바꾸자.

ゆい どうして？ 어째서?

たける 前、運動靴に替えずに行って、本当に大変だったんだ。
전에 운동화로 바꾸지 않고 가서 정말 힘들었거든.

ゆい そうなんだ。先に聞いておいてよかった。
그렇구나. 미리 물어보길 잘했다.

읽기 마스터

결혼식 초대장
일본에서는 결혼식 약 4개월 전부터 초대장을 준비합니다. 그리고 결혼식 2, 3개월 전에는 초대장을 발송합니다. 초대장을 보내기 전에 결혼한다는 것을 전하고 보내도 좋을지 확인하는 경우도 많습니다. 중요한 손님이나 일상적으로 자주 만나는 사람에게는 가지고 가서 직접 건네는 편이 좋습니다. 초대장의 문장에서도 개성이 나타나는데, 더욱 개성을 나타내기 위해서 전문 회사에 의뢰하지 않고 자신들이 초대장을 만드는 사람도 있습니다. 쉽지 않지만 싼 가격으로 만들 수 있습니다. 초대장을 받은 사람은 참석할 수 있는지 없는지를 회신용 엽서로 알립니다. 한 사람 한 사람의 식장의 자리를 정하기 위해 필요한 정보이기 때문에 결혼식 한 달 전에는 답장 해야만 합니다. 즉, 참석할 지 안 할 지를 알리지 않고 결혼식에 가는 일은 일본에서는 없습니다. 엽서로 답장을 할 때도 규칙이 많이 있습니다. 예를 들면 글자는 검정색으로 써야 합니다. 또 쓰여 있는 존경어 표현도 삭제해야 합니다.

① 個性を出すため
② 送るより、持っていって直接渡すほうがいいです。
③ 出席するかしないかを連絡せずに結婚式に行くことはありません。

3 カフェでランチセットを注文する

회화 워밍업

M 역 앞 레스토랑 어땠어요?
F 가격은 싼데, 가게가 깨끗하지 않았어요.

○

パク 新しくオープンした駅前のカフェ、どうでしたか。 새로 오픈한 역 앞의 카페 어땠어요?

田中 雰囲気はよかったですが、食べ物がまずかったです。 분위기는 좋았지만 음식이 맛이 없었어요.
店員は親切でしたが、高かったです。
점원은 친절했지만 가격이 비쌌어요.
若い人に人気でしたが、うるさかったです。
젊은 사람들에게 인기였지만 시끄러웠어요.
安かったですが、あまりおいしくありませんでした。 가격이 쌌지만 그다지 맛있지 않았어요.
メニューは多かったですが、量が少なかったです。 메뉴는 많았지만 양이 적었어요.

○

다케루 오늘 점심 뭐 먹을래?
유이 음, 요즘 매일 더우니까 매운 게 먹고 싶네.
다케루 좋다. 매운 거라면 태국 음식은 어때?
유이 태국 음식 먹고 싶어! 어디 아는 가게 있어?
다케루 응. 역 앞에 새로 생긴 가게는 어때? 인기 있는 가게라서 사람이 많지만 싸고 아주 맛있어.
유이 아! 그 가게 전부터 가 보고 싶었어.
다케루 그럼 거기 가자!

1　① 最近毎日暑いから
　　② 駅前に新しくできた
　　③ 前から行きたかったんだ
2　① 最近毎日暑いからです。
　　② 人気のお店だから人は多いですが、安くてとてもおいしいと言っています。

회화 마스터

해리	오랜만이야! 4개월 만이지?
사토미	정말! 해리, 머리 길었네. 지금 길이 아주 어울려.
해리	고마워. 사토미, 이 가게 전부터 오고 싶어했지?
사토미	응, 건강한 메뉴가 많아서 유명하니까 와보고 싶었어.
점원	주문은 정하셨나요?
해리	저는 이 카레 세트. 사이드는 수프로 할게요. 음료는 녹차를 주세요.
사토미	저도 카레 세트고, 사이드는 디저트를 주세요. 음료는 따뜻한 커피로. 음료는 둘 다 식사 후에 주세요.
점원	알겠습니다. 카레 세트 2개, 사이드는 수프와 디저트 하나씩, 음료는 녹차와 따뜻한 커피네요. 음료는 식사 후에 가져다 드리겠습니다.
	(주문한 카레가 나온다)
해리	이 매운 맛, 중독되네. 먹기 시작하면 멈출 수 없어져.
사토미	정말이네. 맛있어서 나 벌써 다 먹어버렸어.

말하기 마스터

○
① バッグを買う時、私は特に軽さを重視しています。
② 洋服を買う時、私は特に安さを重視しています。
③ 携帯電話を買う時、私は特に使いやすさを重視しています。

○
① 店員　こちらにお客様のご所属をお願いします。
　　여기에 손님의 소속을 부탁 드립니다.
　　お客　あ、はい。所属ですね。 아, 네. 소속이요.

② 店員　こちらにお客様のお勤め先をお願いします。
　　여기에 손님의 근무처를 부탁 드립니다.
　　お客　あ、はい。勤め先ですね。 아, 네. 근무처요.

○
① ゆい　公園の花、もう咲き終わった？
　　공원에 꽃, 벌써 다 피었나요?
　　たける　いや、まだ。実は今日咲き始めたんだ。
　　아니, 아직. 실은 오늘 피기 시작했어.
② ゆい　先月貸した本、もう読み終わった？
　　지난달에 빌려 준 책, 벌써 다 읽었어?
　　たける　いや、まだ。実は今日読み始めたんだ。
　　아니, 아직. 실은 오늘 읽기 시작했어.

○
① れな　そのお豆腐、最近よく食べているね。
　　그 두부, 요즘 자주 먹네.
　　ゆい　れなも食べてみる？ 레나도 먹어볼래?
　　れな　どれどれ。あ、この柔らかさ、くせになるね。 어디 어디. 아, 이 부드러움, 중독되겠다.
　　ゆい　うん。食べ始めたら止まらないよ。
　　응, 먹기 시작하면 멈출 수가 없어.
② れな　そのお漬物、最近よく食べているね。
　　그 절임, 요즘 자주 먹네.
　　ゆい　れなも食べてみる？ 레나도 먹어볼래?
　　れな　どれどれ。あ、このしょっぱさ、くせになるね。 어디 어디. 아, 이 짭짤함, 중독되겠다.
　　ゆい　うん。食べ始めたら止まらないよ。
　　응, 먹기 시작하면 멈출 수가 없어.

읽기 마스터

차
여러분은 홍차와 녹차, 어느 쪽을 좋아하나요? 사실은 두 개의 차는 같은 잎에서 만들어지고 있습니다. 찻잎은 딴 순간부터 산화가 시작됩니다. 즉 그 때부터 색이 변하기 시작한다는 것입니다. 홍차는 잎을 발효시켜서 만드는데, 녹차는 발효시키지 않습니다. 녹차에도 종류가 많습니다. 녹색이 아니라 노란색이나 갈색인 것도 있습니다. 또 녹차는 몇 잔째에서 맛이 변합니다. 그 탓에 첫 번째 잔은 단맛을 즐기고 두 번째 잔은 떫은 맛을 즐길 수 있습니다. 세 번째 잔은 조금 쓰기 때문에 싫어하는 사람도 많은 듯

합니다. 다 마신 후에는 찻잎을 버리지 마세요. 버리기 전에 아직 여러 가지로 쓸 수 있습니다. 예를 들면 다 마신 찻잎을 팩에 넣어서 욕조에 넣는 것도 좋은 활용법입니다. 좋은 향기로 편히 쉴 수 있을 뿐만 아니라 몸에 좋은 성분이 많이 나오기 때문에 아주 효과적입니다. 여러분도 시험해 보세요.

① 木から摘まれた時
② 1杯目はお茶の甘さを、2杯目は渋さを楽しむことができます。
③ 例えば、飲み終わったお茶の葉をパックに入れて、お風呂に入れるのもいい活用法です。

4 間違いを指摘する

회화 워밍업

M 정말 미안해요. 다나카 씨에게 빌린 프린트, 잃어버리고 말았어요.
F 제출할 과제의 프린트도 아니고 친구 것을 복사하면 되니까 괜찮아요.

○

田中 本当にごめんなさい。パクさんのハンカチ、汚してしまいました。新しいのを買いますので、買ったお店を教えてください。
정말 죄송해요. 박 씨의 손수건 더럽히고 말았어요. 새 것을 살 테니, 구입한 가게를 알려 주세요.

パク でも、高いものじゃないし、家にハンカチはたくさんあるから、新しいものを買わなくても大丈夫ですよ。気にしないでください。
하지만, 비싼 것도 아니고, 집에 손수건은 많이 있으니까 새 것을 사지 않아도 괜찮아요. 신경 쓰지 마세요.

でも、家にハンカチはたくさんあるし、汚れもあまりわからないから、新しいものを買わなくても大丈夫ですよ。気にしないでください。
하지만, 집에 손수건은 많이 있고 얼룩도 잘 보이지 않으니까 새 것을 사지 않아도 괜찮아요. 신경 쓰지 마세요.

でも、汚れもあまりわからないし、もともと少し汚れていたから、新しいものを買わなくても大丈夫ですよ。気にしないでください。
하지만, 얼룩도 잘 보이지 않고 원래 조금 더럽혀져 있었으니까 새 것을 사지 않아도 괜찮아요. 신경 쓰지 마세요.

でも、もともと少し汚れていたし、洗濯すれば汚れはとれそうだから、新しいものを買わなくても大丈夫ですよ。気にしないでください。
하지만, 원래 조금 더럽혀져 있었고, 세탁하면 얼룩은 지워질 것 같으니까 새 것을 사지 않아도 괜찮아요. 신경 쓰지 마세요.

でも、洗濯すれば汚れはとれそうだし、高いものじゃないから、新しいものを買わなくても大丈夫ですよ。気にしないでください。
하지만, 세탁하면 얼룩은 지워질 것 같고 비싼 것도 아니니까 새 것을 사지 않아도 괜찮아요. 신경 쓰지 마세요.

○

다케루 기다렸어? 가게에 손님이 많아서 시간이 걸렸어. 자, 이거, 유이의 커피.
유이 어? 나 아이스 커피….
다케루 아! 미안. 착각해서 따뜻한 커피 사오고 말았네. 내 커피 아이스 카페라떼이니까 내 거 줄게.
유이 아니야, 괜찮아. 아까는 조금 더웠는데 지금은 덥지 않으니까. 사다 줘서 고마워.
다케루 정말 미안. 아이스 카페라떼 마시고 싶으면 얘기해.

1 ① 時間かかった
② 買ってきちゃった
③ 飲みたかったら

2 ① お店にお客が多かったからです。
② さっきはちょっと暑かったですが、今はもう暑くないからです。

스크립트 및 모범 답안 | 159

회화 마스터

해리	어라. 나 녹차 주문했지? 이거 녹차가 아닌데….
사토미	어, 어느 거? 분명 이거 녹차가 아니라 허브티네. (점원에게) 저기요! 이거 주문한 거랑 다른데요.
점원	죄송합니다. 어 그러니까….
해리	저 녹차를 주문했는데 이거 허브티여서….
점원	정말 죄송합니다. 새로 녹차를 가져다 드리겠습니다.
해리	아, 근데 벌써 마셔버렸고 두 잔이나 못 마시니까 괜찮아요.
점원	정말 죄송합니다. 그럼, 세트 가격에서 조금 할인해 드리겠습니다.
해리	그래요? 감사합니다.
사토미	이야 잘됐다. 이렇게 할인 받는 일이 있구나.
해리	싸게 먹을 수 있어서 운이 좋았네.

말하기 마스터

○
① パーティーをするので、料理を早く作らなくちゃ。
② 友達が遊びに来るので、部屋をきれいに掃除しました。
③ がっかりしていた私を先生が優しくなぐさめてくれました。

○
① お客 あの、すみません。これ、頼んだのとサイズが違うんですけど。
저, 실례합니다. 이거 부탁한 것과 사이즈가 다른데요.
店員 あ、申し訳ありません。 아, 죄송합니다.
② お客 あの、すみません。これ、返品したのと同じ商品なんですけど。
저, 실례합니다. 이거 반품한 것과 같은 상품인데요.
店員 あ、申し訳ありません。 아, 죄송합니다.

○
① 田中 週末は誰と遊びますか。
주말에는 누구와 노나요?

パク だいたい妹と遊びます。でも、たまに一人で遊ぶこともあります。
대개 여동생과 놀아요. 하지만 가끔 혼자서 놀 때도 있어요.
② 田中 週末はどこでお昼ご飯を食べますか。
주말에는 어디서 점심을 먹나요?
パク だいたい家で食べます。でも、たまに外食することもあります。
대개 집에서 먹어요. 하지만 가끔 외식할 때도 있어요.

○
① パク お出かけですか。어디 가세요?
田中 はい。イルカを見に、富士水族館に行くんです。네, 돌고래를 보러 후지수족관에 가요.
パク イルカに水をかけられることがあるので、タオルを持って行ったほうがいいですよ。돌고래에게 물을 뒤집어 쓰는 경우도 있으니까 수건을 가지고 가는 편이 좋아요.
田中 そうですか。では、そうします。
그래요? 그럼 그렇게 할게요.
② パク お出かけですか。어디 가세요?
田中 はい。絵を見に、美術館に行くんです。
네, 그림을 보러 미술관에 가요.
パク あの美術館は室内でも寒いことがあるので、コートを着たほうがいいですよ。
그 미술관은 실내여도 추울 경우가 있으니까 외투를 입는 편이 좋아요.
田中 そうですか。では、そうします。
그래요? 그럼 그렇게 할게요.

읽기 마스터

첫 아르바이트
내가 처음으로 한 아르바이트는 레스토랑의 손님 접대였습니다. 첫 아르바이트였기 때문에 몹시 긴장해서 혼나는 일도 자주 있었습니다. 바쁠 때에는 당황해서 접시를 떨어뜨려서 깨거나 손님 옷에 음료수를 흘리기도 했습니다. 실수가 많아서 침울해 한 적도 있었지만 그 때 같이 일하는 동료와 선배들이 격려해 주었습니다. "처음 하는 일이니까 실수하는 건 당연해." 이것은 침울해 하고 있을 때 선배가 해 준 말입니다. 실수가 많았던 저이지만 다정하게 일을 가르쳐 준 선배 덕분에 대학을 졸업할 즈음에는

아르바이트 리더를 맡을 정도가 되었습니다. 대학을 졸업하고 회사에 들어온 지 벌써 10년. 지금은 새로 회사에 들어온 사원을 교육하는 입장에 있습니다. 입장은 달라졌지만 처음 아르바이트를 했을 때의 경험을 잊지 않고 실수가 많은 저를 포기하지 않고 열심히 가르쳐 준 선배처럼 되고 싶습니다.

① お皿を落として割る
② いいえ、失敗が多くて落ち込むこともありました。
③ 失敗が多い私をあきらめずに熱心に教えてくれた先輩のようになりたいです。

5 洋服を試着する

회화 워밍업

F1 이 모자 어울려?
F2 음. 디자인은 좋은데 지금 입고 있는 옷에 맞추려면 색은 검정이 좋을 것 같아.

○

れな デートに着て行こうと思ってるんだけど、このシャツ、どう思う？
데이트에 입고 가려고 하는데, 이 셔츠 어때?

ゆい う〜ん。デートで着るなら、もっと明るい色のほうがいいと思う。
음, 데이트에 입고 간다면 좀 더 밝은 색이 좋을 거 같아.
う〜ん。デートで着るなら、もう少し暗い色のほうがいいと思う。
음, 데이트에 입고 간다면 좀 더 어두운 색이 좋을 거 같아.
う〜ん。デートで着るなら、先週着ていた青いシャツのほうがいいと思う。
음, 데이트에 입고 간다면 지난주 입었던 파란 셔츠가 좋을 거 같아.
う〜ん。デートで着るなら、もっと落ち着いたデザインのほうがいいと思う。
음, 데이트에 입고 간다면 좀 더 차분한 디자인이 좋을 거 같아.

う〜ん。デートで着るなら、もう少しカジュアルなデザインのほうがいいと思う。
음, 데이트에 입고 간다면 좀 더 캐주얼한 디자인이 좋을 거 같아.

○

유이 이 구두, 다케루에게 어울리지 않아? 좀 신어 보면 어때?
다케루 사이즈는 딱 좋아. 근데 좀 색이 화려하지 않아?
유이 다케루는 늘 어두운 색 옷을 입는 일이 많으니까 밝은 색 구두도 멋져.
다케루 그래? 이런 디자인의 구두 전부터 갖고 싶었어.
유이 아, 저기에 같은 디자인의 갈색 구두도 있어.
다케루 정말이네. 빨강도 좋지만 갈색도 좋다.
유이 갈색 구두를 이미 갖고 있다면 나는 가지고 있지 않은 색깔을 사는 것도 좋다고 생각해.

1 ① 似合うんじゃない
  ② ほしかったんだ
  ③ もう持ってるなら
2 ① いつも暗い色の服を着ることが多いです。
  ② 持っていない色の靴を買うのもいいと思っています。

회화 마스터

사토미 다 입으면 나와.
해리 잠깐 기다려. 지금 입고 있는 중이야.
      어때? 사이즈는 맞는 것 같은데.
사토미 아주 잘 어울려! 그럼, 이 원피스에 맞추려면 구두도 남색이 좋겠다.
해리 결혼식에 신고 갈 구두에도 뭔가 규칙이 있어?
사토미 샌들은 안 돼. 그리고 굽이 없는 구두도 피하는 게 좋아.
해리 그렇구나. 그럼, 이 구두로 할까? 이거 정장에만 신을 수 있을까?
사토미 캐주얼한 옷에 맞추면 평소에도 신을 수 있을 것 같아.
해리 그럼, 오늘 입고 온 치마에도 어울려?
사토미 응, 귀여워.
해리 이 구두 여러 옷에 신을 수 있어서 이득이네.

말하기 마스터

○
① 今宿題を始めるところです。
② 今朝ご飯を食べているところです。
③ 今映画が終わったところです。

○
① 今年の連休はとても暑かったので、冷たい飲み物しか飲みませんでした。
② 今年の連休はとても暑かったので、プールにしか行きませんでした。

○
① たける　この紅茶、ミルクを混ぜてもおいしいかな？
　이 홍차 우유를 섞어도 맛있을까？
　ゆい　う〜ん、あまりおいしくないと思うよ。何も混ぜないほうがおいしいんじゃないかな。
　음, 별로 맛 없을 것 같아. 아무것도 섞지 않는 편이 맛있지 않을까？
② たける　この紅茶、冷たい水で入れても大丈夫かな？
　이 홍차 차가운 물로 우려도 맛있을까？
　ゆい　うん、大丈夫だと思うよ。暑い日にちょうどいいんじゃないかな。
　응, 괜찮을 것 같아. 더운 날에 딱 좋지 않을까？

○
① ゆい　パーティーに行く準備、できた？
　파티에 갈 준비, 다 됐어？
　れな　ううん、まだ。今、ドレスを選んでいるところ。ゆいは？
　아니, 아직. 지금 드레스를 고르고 있는 중. 유이는？
　ゆい　私もまだ。美容室の予約をしたところ。
　나도 아직. 미용실 예약을 한 참이야.
　れな　あと3日しか残ってないよ。
　앞으로 3일밖에 남지 않았어.
② ゆい　沖縄旅行の計画、立てた？
　오키나와 여행 계획 세웠어？
　れな　ううん、まだ。今、ガイドブックを見ているところ。ゆいは？

아니, 아직. 지금 가이드북을 보고 있는 중. 유이는？
　ゆい　私もまだ。旅行会社でパンフレットをもらってきたところ。
　나도 아직. 여행사에서 팸플릿을 받아 온 참이야.
　れな　あと3日しか残ってないよ。
　앞으로 3일밖에 남지 않았어.

읽기 마스터

결혼식에서의 복장 매너
초대 받아서 결혼식에 참석할 때, 남성의 복장에도 여성과 마찬가지로 여러 가지 매너가 있습니다. 기본적으로는 정장에 넥타이로 가는 경우가 많습니다만, 이것들의 색에도 규칙이 있습니다. 손님은 검정 등의 어두운 색 정장만 입어야 합니다. 하얀 색은 신랑의 정장 색이기 때문입니다. 셔츠는 흰색, 그리고 넥타이는 흰색이나 파스텔 색 같은 밝은 색을 고릅시다. 검정 정장에 검정 넥타이는 장례식 같은 어두운 코디가 되어 버리니 반드시 피하세요. 한편, 지나치게 화려한 복장도 결혼식에는 적합하지 않습니다. 예를 들면 화려한 무늬의 정장과 셔츠, 동물 무늬의 넥타이 등입니다. 이 복장으로 괜찮을까? 하고 불안하게 생각하는 사람은 당일 입고 갈 옷을 전부 준비한 다음에 매너에 위반되지 않는지 다시 한번 확인해 보세요.

① 暗い色のスーツ・パステルカラーのネクタイ
② 白い色は新郎のスーツの色だからです。
③ 当日着ていく服を全部準備したところで、マナーに違反していないかもう一度チェックすればいいです。

6 デジカメを買う

회화 워밍업

F　저, 휴대전화를 사고 싶은데요.
M　그럼 이건 어떠세요？ 텔레비전을 볼 수 있어요.

お客 あの～、ノートパソコンがほしいんですが。
저, 노트북이 필요한데요.

店員 それでしたら、こちらはどうですか。DVDを見ることができますよ。
그러시다면, 이건 어때요? DVD를 볼 수 있습니다.

それでしたら、こちらはどうですか。ゲームをすることができますよ。
그러시다면, 이건 어때요? 게임을 할 수 있습니다.

それでしたら、こちらはどうですか。ビデオを撮ることができますよ。
그러시다면, 이건 어때요? 비디오를 찍을 수 있습니다.

それでしたら、こちらはどうですか。長い時間使うことができますよ。
그러시다면, 이건 어때요? 긴 시간 사용할 수 있습니다.

それでしたら、こちらはどうですか。キーボードを外すことができますよ。
그러시다면, 이건 어때요? 키보드를 분리할 수 있습니다.

다케루	이거, 어제 산 새 휴대폰이야?
유이	응, 맞아. 이거 다케루 거랑 같은 거지? 사용법 가르쳐 주지 않을래?
다케루	좋아. 뭐가 모르겠어?
유이	친구가 보내준 사진을 저장하는 방법.
다케루	오른쪽 아래의 버튼을 누르면 저장할 수 있어.
유이	고마워. 그리고, 매너모드로 하려면 어떻게 하면 돼?
다케루	휴대폰 옆에 달려 있는 스위치를 켜면 소리가 나지 않게 돼.

1 ① 使い方、教えてくれない
② 押すと、保存できるよ
③ 音が出なくなるよ

2 ① 友達が送ってくれた写真を保存する方法がわからないと言っています。
② 携帯の横についているスイッチをオンにすれば、マナーモードになるので音が出なくなります。

회화 마스터

해리	저, 결혼식에서 사용할 건데, 실내에서 사람이 예쁘게 찍히는 게 어느 건가요?
점원	그렇다면 이걸 추천합니다. 지금 세일이라서 5만 6000엔이니까 아주 싸게 사는 거예요.
해리	확실히 다른 가게보다 싸네요. 아, 하지만 다나카 전기에서는 5만 8000엔에 포인트가 10% 적립된다고 하던데….
점원	5만 8000엔에 포인트 10%라면, 실질적으로는 5만 2200엔….
해리	그저, 저는 여행으로 와 있는 거라 일본에 살고 있지 않아서 포인트는 없어도 되요. 그 대신 이 디지털카메라 조금 싸게 안 될까요?
점원	그러신가요? 그럼 지금 가격에서 할인이 가능한지 어떤지 확인해보고 올 테니 잠시만 기다려 주세요.
	(잠시 뒤 점원이 돌아온다)
점원	현금으로 지불하시면 5만 4000엔까지 할인이 가능합니다.
해리	와, 정말인가요? 감사합니다.

말하기 마스터

① 田中さんがもう家を出たかどうか、電話で聞いてみます。
② 先に行ってもいいかどうか、電話で聞いてみます。
③ 2時までに来られるかどうか、電話で聞いてみます。

① 彼女が作りたくてサークルに行っているわけではありません。
② あなたのことを困らせたくて修正点をたくさん書いているわけではありません。

① お客 ご飯の量、もっと増やせたりしますか。
밥 양, 더 늘릴 수 있거나 한가요?
店員 う～ん。それはちょっと難しいですね。

② お客　予約の時間、もっと遅くしてもらえたりしますか。 예약 시간, 더 늦출 수 있거나 한가요?
店員　う～ん。それはちょっと難しいですね。
음, 그건 조금 어렵습니다.

○
① ゆい　あのさ、明日の会議、代わりに行ってもらえたりする？
있잖아, 내일 회의에 대신 가 줄 수 있을까?
たける　スケジュールを確認しないとわからないけど…。 스케줄을 확인하지 않으면 모르는데….
ゆい　じゃ、後で明日の会議に行けるかどうか、メールで教えてくれない？
그럼 나중에 내일 회의에 갈 수 있는지 없는지 메일로 알려주지 않을래?
たける　わかった。今日中に連絡する。
알았어. 오늘 중으로 연락할게.
② ゆい　あのさ、来月の展示会、家族と一緒に見に来てもらえたりする？
있잖아, 다음 달 전시회에 가족이랑 함께 보러 와 줄 수 있을까?
たける　スケジュールを確認しないとわからないけど…。 스케줄을 확인하지 않으면 모르는데….
ゆい　じゃ、後で展示会に来られるかどうか、メールで教えてくれない？
그럼 나중에 전시회에 올 수 있는지 없는지 메일로 알려주지 않을래?
たける　わかった。今日中に連絡する。
알았어. 오늘 중으로 연락할게.

읽기 마스터

포인트 카드
가게의 포인트 카드를 만들지 말지 망설인 적은 없나요? 포인트 카드의 큰 장점은 보통 가격보다도 싸게 살 수 있거나 하는 것입니다. 또 포인트를 모으면 다음에 쇼핑할 때 등에 할인을 받을 수 있습니다. 포인트가 그 가게의 전자머니와 같은 역할을 하고 있기 때문입니다. 한편, 단점도 있습니다. 예를 들면 포인트를 모으기 위해서 바로 사야 하는 물건이 있는 게 아닌데 그 가게에서 쇼핑을 하고

마는 경우가 있습니다. 또, 자신의 쇼핑 정보가 수집되어 가게의 마케팅에 사용되는 경우도 있습니다. 그것이 싫어서 포인트 카드를 만들지 않는 사람도 있다고 합니다. 게다가 포인트 카드를 몇 장이나 만들면 지갑이 무거워지고 맙니다. 그러니까 자주 가는 가게인지 아닌지 충분히 생각한 다음에 카드를 만드는 편이 좋겠지요. 몇 개의 가게에서 공통으로 사용할 수 있는 포인트 카드라면 편리합니다.

① マーケティングに使われる
② ポイントを貯めるために、すぐに買わなくてはいけない物があるわけではないのに、そのお店で買い物をしてしまうことがあるのがデメリットです。
③ よく行くお店かどうかを十分に考えてから作った方がいいです。

7 結婚式に参加する

회화 워밍업

F　야마다 씨 같이 다음 주 파티에 갈 수 있대요.
M　그거 잘됐네요. 아르바이트 날을 바꿨는지도 모르겠네요.

○
パク　山田さん、１０時からのミーティングに来られないらしいですよ。
야마다 씨, 10시부터의 미팅에 올 수 없다는 것 같아요.
田中　そうなんですか。ちょっと珍しいですね。もしかしたら、風邪をひいたのかもしれませんね。 그래요? 그거 별 일이네요. 어쩌면 감기에 걸렸는지도 모르겠네요.
そうなんですか。ちょっと珍しいですね。もしかしたら、今日はアルバイトの日なのかもしれませんね。 그래요? 그거 별 일이네요. 어쩌면 오늘은 아르바이트하는 날인지도 모르겠네요.

そうなんですか。ちょっと珍しいですね。もしかしたら、課題で忙しいのかもしれませんね。그래요? 그거 별 일이네요. 어쩌면 과제로 바쁜지도 모르겠네요.

そうなんですか。ちょっと珍しいですね。もしかしたら、先生の研究室に行く用事があるのかもしれませんね。그래요? 그거 별 일이네요. 어쩌면 선생님의 연구실에 갈 일이 있는지도 모르겠네요.

そうなんですか。ちょっと珍しいですね。もしかしたら、道が混んでバスが遅れているのかもしれませんね。그래요? 그거 별 일이네요. 어쩌면 길이 막혀서 버스가 늦는지도 모르겠네요.

○

다케루	유이야, 요즘 바쁜거 같아.
유이	응. 하지만 지난주에 드디어 리포트를 냈으니까 이제 바쁘지 않아.
다케루	수고했어. 그 리포트, 선생님에게 칭찬받았다며?
유이	에헤헤. 열심히 하길 잘 했어.
다케루	바쁘지 않으면 바로 이번 주말에 놀러가지 않을래?
유이	아, 토요일은 동아리 회의가 있을 지도 몰라서, 일요일이어도 괜찮아?
다케루	알았어. 그럼 일요일에 맛있는 것 먹으러 가자.

1　① 忙しそうだね
　　② ほめられたらしいね
　　③ あるかもしれないから
2　① 先週ようやくレポートを出したからです。
　　② 土曜日はサークルの会議があるかもしれないからです。

회화 마스터

해리	우와, 멋지다! 유럽의 궁전 같은 식장이네. 사토미는 결혼식에 참석한 거 처음이야?
사토미	처음 아니야. 2년 전에 친척 결혼식에 참석한 적 있어. 이거 그 때랑 같은 원피스야. 아무도 모를 것 같아서.
해리	아하하. 그러고 보니 미사키 선배는 어떻게 남편분과 만났을까?
사토미	취미로 하는 사회인 동아리에서 만났대.
해리	그렇구나…. 사토미는 어떤 사람과 결혼하고 싶어?
사토미	음, 나는 다정하고 결단이 빠르고 이야기가 재미있는 사람이 좋아.
해리	성격이란게 중요하지.
사토미	응, 성격이 맞지 않는 사람과 무리해서 결혼할 정도라면 혼자인 쪽이 좋다고 생각해. 해리는 어떤 사람이 이상형이야?
해리	글쎄. 나는 힘들 때 아무 말도 하지 않고 도와줄 수 있는 사람이 좋아.

말하기 마스터

○
① パクさん、来年から日本で働くんだって。
② あの二人は先月別れたんだって。
③ 佐々木さんは料理の勉強をするために韓国に来たんだって。

○
① 新しくオープンしたみたいですね。人がたくさんいます。
② これからコンサートが始まるみたいですね。人がたくさんいます。

○
① ゆい　最近、部屋を整理するために本を捨てているんだ。요즘 방을 정리하려고 책을 버리고 있어.
　たける　え～！本を捨てるぐらいだったら、古本屋に売ったほうがいいよ。
　뭐? 책을 버릴 정도라면 헌책방에 파는 편이 좋아.
② ゆい　最近、お金を使わないために休日、家でごろごろしているんだ。
　요즘 돈을 쓰지 않으려고 휴일에 집에서 빈둥거리고 있어.
　たける　え～！家でごろごろするぐらいだったら、アルバイトをしたほうがいいよ。
　뭐? 집에서 빈둥거릴 정도라면 아르바이트를 하는 편이 좋아.

① ゆい　ともや、最近、経営の勉強をしているん
　　　　だって。 토모야 요즘 경영 공부를 하고 있대.
　たける　へ〜！そうなんだ。 우와, 그렇구나.
　ゆい　マーケティング調査のために毎月中国に
　　　　行っているみたいだよ。
　　　　마케팅 조사를 위해서 매달 중국에 가고 있다나봐.
　たける　わ〜、すごいね。まるでビジネスマンみ
　　　　たいだね。 와, 대단하다. 마치 비즈니스맨 같다.
② ゆい　鈴木さん、毎日、近所の子供に本を読ん
　　　　であげているんだって。
　　　　스즈키 씨 매일 근처 아이에게 책을 읽어주고 있대.
　たける　へ〜！そうなんだ。 우와, 그렇구나.
　ゆい　子供が読んでもらいたい本を持ってくる
　　　　みたいだよ。
　　　　아이가 읽어 줬으면 하는 책을 가지고 온다나봐.
　たける　わ〜、すごいね。まるで幼稚園の先生み
　　　　たいだね。 와, 대단하다. 마치 유치원 선생님 같다.

읽기 마스터

후회하고 있는 일
내가 지금도 후회하고 있는 일은 피아노를 도중에 그만 둔 것입니다. 배우기 시작한 계기는 내가 유치원 때 텔레비전에서 피아니스트가 연주하는 것을 보고 그 피아니스트처럼 되고 싶다고 생각했던 것입니다. 중학교 2학년까지는 주에 1번 피아노 교실에 다녔습니다. 하지만 중학교 3학년 때 "옆집 사토코 고등학교 수험을 위해서 피아노 레슨 그만둔대." 라고 엄마가 이야기하는 것을 듣고 나도 수험에 집중하기 위해 피아노 교실에 다니는 것을 그만뒀습니다. 다니기를 그만두고 나서 거의 피아노를 치지 않았기 때문에 지금은 어떻게 치는 지 완전히 잊어버리고 말았습니다. 이렇게 될 거라면 그만두지 말고 2주일에 1번이라도 레슨을 받았으면 좋았겠다고 생각하는 일이 자주 있습니다.

① ピアノを途中でやめてしまったこと
② 母が「隣の聡子ちゃん、高校受験のためにピアノのレッスンやめるんだって」と話しているのを聞いて、やめました。

③ ピアノをどうやってひくのかすっかり忘れてしまうぐらいなら、レッスンを続けていればよかったと後悔しています。

8 カタログギフトで商品を選ぶ

회화 워밍업

F　이 서류, 제가 대신 제출하고 올까요?
M　어, 괜찮아요? 오늘은 힘들어서 내일 제출하러 가려고 생각했는데, 정말 고마워요!

田中　明日の会議、私が代わりに出ましょうか？
　　　내일 회의, 제가 대신 나갈까요?

パク　え、いいんですか？アルバイトの日を変えてもらおうと思ってたんですけど、本当にありがとうございます。 어, 괜찮아요? 아르바이트 날을 바꾸려고 생각하고 있었는데, 정말 고마워요.

え、いいんですか？山田さんに頼もうと思ってたんですけど、本当にありがとうございます。 어, 괜찮아요? 야마다 씨에게 부탁하려고 생각하고 있었는데, 정말 고마워요.

え、いいんですか？行けないって伝えようと思ってたんですけど、本当にありがとうございます。 어, 괜찮아요? 못 간다고 전하려고 있었는데, 정말 고마워요.

え、いいんですか？これから代わりに行ける人を探そうと思ってたんですけど、本当にありがとうございます。 어, 괜찮아요? 지금부터 대신 갈 사람을 찾으려고 생각하고 있었는데, 정말 고마워요.

え、いいんですか？子供を預けて行こうと思ってたんですけど、本当にありがとうございます。 어, 괜찮아요? 아이를 맡기고 가려고 생각하고 있었는데, 정말 고마워요.

○

유이	공부 중이야? 두꺼운 책이 3권이나 있는데, 이거, 무슨 일 있어?
다케루	이 리포트의 전반 부분을 쓸 때 필요했어. 이거 오늘 3시에 선배에게 돌려주기로 약속했는데 음, 어떻게 하지. 리포트를 다 쓰려면 3시보다 늦어질 것 같은데….
유이	이제 리포트에는 필요없는 거지? 이거, 내가 대신 선배에게 돌려줄까?
다케루	정말? 선배에게 늦어져도 되는지 메일 보내려고 생각하고 있었는데, 유이가 대신 돌려준다면 정말 도움이 될 거야. 고마워.

1 ① 先輩に返す約束なんだけど
　 ② 先輩に返しておこうか
　 ③ メールしようと思ってた
2 ① レポートの前半部分を書く時に必要でした。
　 ② たけるの代わりに、3冊の本を先輩に返します。

회화 마스터

해리	결혼식 답례품으로 이걸 받았는데요.
아이	아, 카탈로그 기프트. 이거 요즘 인기인가 봐.
해리	한국에서는 이런 거 본 적이 없어요. 상품이 많이 있네요.
아이	이 중에서 마음에 드는 걸 하나 받을 수 있어. 어느 걸로 할거야?
해리	음, 먹을 거나 액세서리 외에 식기나 가전제품 같은 것도 있네요.
아이	여러 가지 있어서 고민 되지.
해리	아, 이 믹서, 아이 씨가 갖고 싶어 했죠.
아이	응. 야채 주스가 마시고 싶다고 빨리 사라고 민수가 난리라서.
해리	재워 주시는 보답으로 저 이걸로 할게요. 아이 씨, 받아 주세요.
아이	어, 그래도 돼? 고마워, 기쁘다. 실은 이거 지난 주 백화점에 갔을 때 살까 말까 고민했거든. 그때 사지 않길 잘했네.

말하기 마스터

○

① 母に、早く部屋を片付けろ！って怒られました。
② 父に、早く宿題のレポートを書け！って叱られました。
③ 兄に、早く(お)風呂から出ろ！って言われました。

○

① 夏休みの間、一日も休まないでプールに行ったので、疲れています。
② バスに乗らないで学校まで歩いて来たので、疲れています。

○

① 田中　このお店、パスタがおいしいですね。
　　　　이 가게, 파스타가 맛있네요.
　 パク　そうですね。それに、ここ、ピザやデザートなどもおいしいですね。
　　　　그러네요. 게다가 여기 피자나 디저트 같은 것도 맛있네요.
② 田中　このお店、メニューがたくさんありますね。
　　　　이 가게, 메뉴가 많네요.
　 パク　そうですね。それに、ここ、インテリアやお店の雰囲気などもいいですね。
　　　　그러네요. 게다가 여기 인테리어나 가게의 분위기 같은 것도 좋네요.

○

① 田中　旅行の計画は進んでいますか。
　　　　여행 계획은 잘 진행되고 있나요?
　 パク　いいえ、まだです。友達から早く飛行機のチケットを買えって言われているんですが。
　　　　아니요, 아직이에요. 친구한테 빨리 비행기 티켓을 사!라는 얘기를 듣고 있지만.
　 田中　そうなんですね。ホテルの予約や荷物の準備などもあるから大変ですね。
　　　　그렇군요. 호텔 예약이나 짐 준비 등도 있으니까 큰일이네요.
　 パク　はい。今週は本当に忙しいです。
　　　　네, 이번 주는 정말 바빠요.

② 田中　宿題のレポートは進んでいますか。
　　　과제 리포트는 잘 진행되고 있나요?

　パク　いいえ、まだです。友達から早く書き始
　　　めろって言われているんですが。
　　　아니요, 아직이에요. 친구한테 빨리 쓰기 시작해! 라는 얘기를 듣고 있지만.

　田中　そうなんですね。アルバイトやサークル
　　　の活動などもあるから大変ですね。
　　　그렇군요. 아르바이트나 동아리 활동 등도 있으니까 큰일이네요.

　パク　はい。今週は本当に忙しいです。
　　　네, 이번 주는 정말 바빠요.

읽기 마스터

결혼식 답례품
결혼식 답례품은 신랑 신부가 결혼식에 와 준 손님에게 건네는 답례 선물입니다. 현재 가장 인기가 있고 자주 선택되는 답례품에 카탈로그 기프트가 있습니다. 결혼식에는 연령이나 성별, 취향 등이 다른 사람이 많이 참석합니다. 그 때문에 모두가 좋아할 선물을 고르는 것은 아주 어렵습니다. 카탈로그 기프트는 카탈로그를 받은 손님 자신이 갖고 싶은 선물을 고를 수 있어서 실패가 없습니다. 최근에는 답례품으로 하는 카탈로그를 하나로 한정하지 않고 여성 대상이나 남성 대상, 기혼자 대상 등, 복수의 카탈로그를 답례품으로 하는 경우도 많다고 합니다. 카탈로그 기프트를 받은 사람은 식기나 먹을 것, 액세서리 등 많은 상품 중에서 좋아하는 것을 골라서 받을 수 있습니다. 최근에는 상품을 받지 않고 대신에 재해 등으로 곤란한 사람에게 기부를 하는 일도 가능하다고 합니다.

① 新郎新婦が結婚式に来たお客さんに渡すプレゼント
② 結婚式には年齢や性別、好みなどが異なる人がたくさん参加するからです。
③ 商品をもらわないで、代わりに災害などで困っている人に寄付をすることができます。

9 アトラクションのファストチケットをとる

회화 워밍업

F　이번 주말에 후지유원지에 갔다 왔어요.
M　와, 좋았겠네요. 귀신의 집이 유명하다던데, 갔었어요?

パク　今週末、フォーエバーランドに行ってきましたよ。 이번 주말에 포에버랜드에 갔다 왔어요.

田中　わ〜、いいですね。パンダが人気だそうですが、見ましたか。
와, 좋았겠네요. 판다가 인기라고 하던데 봤어요?

わ〜、いいですね。レストランのピザがおいしいそうですが、食べましたか。
와, 좋았겠네요. 레스토랑의 피자가 맛있다고 하던데 먹었어요?

わ〜、いいですね。ジェットコースターがとても怖いそうですが、乗りましたか。 와, 좋았겠네요. 제트 코스터가 아주 무섭다고 하던데 탔어요?

わ〜、いいですね。プールが大きいそうですが、遊びましたか。 와, 좋았겠네요. 수영장이 크다고 하던에 놀았어요?

わ〜、いいですね。花がたくさん咲いていてきれいだそうですが、写真を撮りましたか。
와, 좋았겠네요. 꽃이 많이 피어 있어서 아름답다고 하던데 사진을 찍었어요?

다케루　다음 주말에 한가하면 사쿠라공원에 가지 않을래?
유이　좋아! 가고 싶어! 전부터 가보고 싶었어.
다케루　나도. 사파리공원이 인기여서 광장히 붐비나봐.
유이　오, 사파리 공원. 재밌겠다.
다케루　응. 근데 사파리공원 뿐만 아니라 제트 코스터도 인기여서 한 시간 정도 기다리지 않으면 탈 수 없다나봐.

유이	뭐? 정말? 주말에는 특히 붐빌 것 같은데, 티켓, 인터넷으로 예약하지 않아도 괜찮을까?
다케루	아니, 예약하는 편이 좋을 것 같아.

1 ① すごく混むそうだよ
   ② サファリパークだけじゃなくて
   ③ 週末は特に混みそうだけど
2 ① いいえ、一時間ぐらい待たないと乗れません。
   ② いいえ、インターネットでチケットの予約をしたほうがいいと言っています。

회화 마스터

사토미	뭐부터 탈까? 나는 이런 거 잘 타니까 뭐든지 탈 수 있어!
해리	그럼, 우선은 가장 인기있는 헤비레이니마운틴일까?
사토미	그럼, 패스트 티켓을 끊어야겠다.
해리	패스트 티켓이라니?
사토미	몇 시간이나 줄을 서는 인기 놀이기구는 패스트 티켓을 끊어두면 줄을 서지 않고 탈 수 있어.
해리	우와, 편리하다. 그럼, 그 티켓을 끊고 나서 비어있는 놀이기구 타러 가자.
	(인기 놀이기구 입구에서)
해리	이게 패스트 티켓이구나. 어라, 시간제한이 있네.
사토미	응. 언제나 다 되는 게 아니고, 이거는 입장 시간은 11시 반부터 12시까지네. 시간까지 점심 먹으면서 기다리는 건 어때?
해리	좋아. 아, 근데 다른 놀이기구는? 인기 있는 건 전부 패스트 티켓 끊어 두자.
사토미	그런 무리야. 두 시간이 지나지 않으면 새로운 패스트 티켓은 끊을 수 없거든. 패스트 티켓을 몇 장이라도 끊을 수 있다면 편할 텐데 말이야.

말하기 마스터

○
① 明日だったら、何時でも大丈夫だよ。
② 子供だったら、何歳でも大丈夫だよ。
③ ソウルだったら、どこでも大丈夫だよ。

○
① ちょっと時間があるから、カフェでおいしいケーキを食べてから、映画を見に行こう。
② ちょっと時間があるから、本屋に行って日本語の本を買ってから、映画を見に行こう。

○
① たける 車を運転しながらテレビを見るのって、危ないよね。
   자동차를 운전하면서 텔레비전을 보는 것 위험하지.
   ゆい うん。それで事故になることもあるよね。
   응. 그래서 사고가 나는 일도 있잖아.
② たける イヤホンで音楽を聴きながら自転車に乗るのって、危ないよね。
   이어폰으로 음악을 들으면서 자전거 타는 것 위험하지.
   ゆい うん。それで事故になることもあるよね。
   응. 그래서 사고가 나는 일도 있잖아.

○
① ゆい このレストラン、ピアノの演奏を聴きながら食事ができて、素敵だね。
   이 레스토랑 피아노 연주를 들으면서 식사를 할 수 있어서 멋지네.
   たける 喜んでもらえてよかった。
   좋아해서 다행이다.
   ゆい それにデザートを何皿でも注文できるのが嬉しい。
   게다가 디저트를 몇 접시라도 주문할 수 있어서 기뻐.
   たける ははは。じゃ、そのケーキを一緒に食べてから、もう一つデザートを頼んでみようか。
   하하하. 그럼 그 케이크를 같이 먹고 나서 디저트를 하나 더 주문해 볼까?
② ゆい このレストラン、ショーを楽しみながら食事ができて、素敵だね。
   이 레스토랑 공연을 즐기면서 식사를 할 수 있어서 멋지네.
   たける 喜んでもらえてよかった。
   좋아해서 다행이다.
   ゆい それにデザートをいくつでも注文できるのが嬉しい。

게다가 디저트를 몇 개라도 주문할 수 있어서 기뻐.

たける ははは。じゃ、デザートのメニューを確認してから、もう一つデザートを頼んでみようか。 하하하. 그럼 디저트 메뉴를 확인한 다음에 디저트를 하나 더 주문해 볼까?

읽기 마스터

테마파크에 갈 때의 복장
테마파크는 누구라도 즐길 수 있는 인기 있는 장소이기 때문에 어른이 되어서도 가족이나 친구, 연인과 함께 가는 경우가 있습니다. 외출하는 날에는 날씨를 확인한 후에 옷을 고르겠지만 기온 외에도 신경 쓰는 편이 좋은 것이 있습니다. 예를 들면 굽이 높은 구두나 익숙하지 않은 신발로 가면 금방 피곤해져서 모처럼의 하루를 충분히 즐길 수 없게 될 지도 모릅니다. 테마파크는 혼잡한 경우가 많기 때문에 놀이기구에 타기 전에 긴 시간 기다리는 일도 적지 않습니다. 다리가 아파서 불평을 하며 싫은 분위기로 보내는 것보다 즐겁게 이야기하면서 기다리는 편이 좋겠죠. 그리고 과자나 스낵을 먹으면서 기다리는 경우도 있기 때문에 양손을 사용할 수 있는 배낭으로 가는 것을 추천합니다. 다만 줄 서 있을 때 자신의 배낭이 타인에게 방해가 되지 않도록 신경 씁시다. 마지막으로 어두워 지고 나서 시작하는 퍼레이드를 본다면 추워졌을 때에 입을 상의를 가지고 가면 좋겠죠.

① 不満を言いながら嫌な雰囲気で過ごす
② テーマパークは誰でも楽しめる人気のスポットだからです。
③ 暗くなってから始まるパレードを見るなら、上着を持っていくといいです。

10 カラオケのプランを選ぶ

회화 워밍업

M 이 가게에서는 담배를 피워도 되나요?
F 아니요. 담배는 피우지 마세요.

○

お客 このお店ではお酒を飲んでもいいですか。
이 가게에서는 술을 마셔도 되나요?
店員 いいえ、お酒は飲まないでください。
아니요. 술은 마시지 마세요.
お客 このお店では横になって寝てもいいですか。
이 가게에서는 누워서 자도 되나요?
店員 いいえ、寝ないでください。
아니요. 자지 마세요.
お客 このお店ではダンスの練習をしてもいいですか。 이 가게에서는 춤 연습을 해도 되나요?
店員 いいえ、ダンスの練習はしないでください。
아니요. 춤 연습은 하지 마세요.
お客 このお店では歌を歌わずに仕事をしてもいいですか。 이 가게에서는 노래를 부르지 않고 일을 해도 되나요?
店員 いいえ、仕事はしないでください。
아니요. 일은 하지 마세요.
お客 このお店では食べ物を持ってきて食べてもいいですか。 이 가게에서는 먹을 것을 가지고 와서 먹어도 되나요?
店員 いいえ、食べ物を持ってきて食べないでください。 아니요. 먹을 것을 가지고 와서 먹지 마세요.

○

다케루	영화가 시작되기까지 아직 2시간이나 있어.
유이	그러네. 그럼, 노래방 안 갈래?
다케루	음, 노래방이라. 노래방은 영화를 본 다음이 좋지 않아? 2시간 밖에 없으니까 카페에서 차를 마시는 건 어때?
유이	응, 그렇게 하자. 확실히 노래방에서 2시간은 짧지.
다케루	그럼 영화관 1층에 있는 카페에 가지 않을래?
유이	좋아. 영화관 아니니까 시간을 신경 쓰지 않아도 되고, 딱 좋네.

1 ① 映画を見た後
② お茶を飲むのはどう
③ 映画館の１階にある

2 ① 映画が始まるまで2時間ありますが、カラオケで2時間は短かいし、映画を見た後がいいと思ったからです。
② 映画館の下だから時間を気にしなくていいからです。

회화 마스터

점원　어서 오세요. 몇 시간 이용하시겠습니까?
사토미　음, 2시간 정도일까….
점원　대학생이신가요? 학생증이 있으면 이 요금입니다.
해리　한국 학생증도 괜찮나요?
점원　네, 괜찮습니다. 2시간에 음료 하나 주문이면 360엔에 음료 값이 별도로 붙습니다. 드링크 바 포함은 880엔입니다.
사토미　프리타임은 얼마인가요?
점원　그거라면 음료 하나인 쪽이 450엔, 드링크바 포함은 970엔입니다.
사토미　100엔 정도밖에 차이 나지 않으니까 프리타임에 드링크바 포함으로 할까?
해리　응, 그렇게 하자.
사토미　돌아갈 때 마이크는 방에 둔 채로 가도 되나요?
점원　이 프리타임은 오후 7시까지니까 그때까지 이 카운터에 마이크를 반납해 주세요.

말하기 마스터

○
① 認められるまでに、長い時間がかかりました。
② 新しい薬が開発されるまでに、長い時間がかかりました。
③ 商品が家に到着するまでに、長い時間がかかりました。

○
① ゆい　ねぇ、結婚式のご祝儀、1万円でもいいと思う？
있잖아, 결혼식 축의금, 1만 엔이어도 괜찮다고 생각해?
　れな　う〜ん、1万円だと、ちょっと…。
음, 1만 엔이라면 좀….

② ゆい　ねぇ、面接に行く時のかばん、これでもいいと思う？
있잖아, 면접에 갈 때 가방, 이걸로도 괜찮다고 생각해?
　れな　う〜ん、これだと、ちょっと…。
음, 이거라면 좀….

○
① ゆい　朝までレポート書いてたから、すごく眠い。
아침까지 레포트를 썼더니 너무 졸려.
　れな　お疲れ様。でも、化粧をしたまま寝ないようにね。수고했어. 하지만 화장을 한 채로 자지 않도록 해.
② ゆい　朝までレポート書いてたから、すごく眠い。
아침까지 레포트를 썼더니 너무 졸려.
　れな　お疲れ様。でも、エアコンをつけたまま寝ないようにね。
수고했어. 하지만 에어컨을 켠 채로 자지 않도록 해.

○
① ゆい　何、この服？ 뭐야? 이 옷?
　たける　あぁ、それ。まだ洗濯してないやつ。次に使う日までに洗濯すればいいと思って。
아, 그거, 아직 세탁하지 않은 것. 다음에 쓰기 전에 세탁하면 될 것 같아서.
　ゆい　でも服って、雨にぬれたまま放置すると臭くなるよ。
하지만 옷은 비에 젖은 채 방치하면 냄새 나.
　たける　げっ。ほんとに？じゃ、今からでも洗濯しとこう。웩. 정말? 그럼 지금부터라도 빨아 둬야지.
② ゆい　何、この服？ 뭐야? 이 옷?
　たける　あぁ、それ。まだ洗濯してないやつ。次に着る時までに洗濯すればいいと思って。
아, 그거, 아직 세탁하지 않은 것. 다음에 입기 전에 세탁하면 될 것 같아서.
　ゆい　でも服って、袋に入れたまま放置すると臭くなるよ。
하지만 옷은 봉지에 넣은 채 방치하면 냄새 나.
　たける　げっ。ほんとに？じゃ、今からでも洗濯しとこう。웩. 정말? 그럼 지금부터라도 빨아 둬야지.

읽기 마스터

노래방 이용 방법
노래방이라고 하면 노래를 부르기 위해서 가는 곳이라고 생각하는 사람이 많을 것입니다. 그러나 최근에는 다른 목적으로 노래방을 이용하는 사람이 늘어나고 있다고 합니다. 예를 들면 몇 명인가 모여서 함께 공부를 할 경우에 카페라면 얘기하는 목소리가 클 수도 있기 때문에 노래방을 이용하는 경우가 있다고 합니다. 휴식 시간에 노래를 불러서 기분을 전환하는 것도 가능하겠죠. 일에서도 회의를 하기 위해 이용하는 사람도 있습니다. 또 피곤한 사람이 거기서 쉬는 일도 있다고 합니다. 카페 등에서는 앉은 채로 쉴 수 밖에 없지만 노래방에서라면 누울 수도 있기 때문입니다. 노래방을 이용할 때에는 다양한 할인을 활용합시다. 학생인 경우 학생증을 보이면 할인을 받을 수 있습니다. 또 하루 전까지 예약을 하면 할인이 되는 가게도 있다고 합니다. 게다가 어플로도 할인 서비스가 여러 가지 있습니다. 노래방에 가기 전에 찾아보면 좋겠죠.

① 歌を歌ったり、楽器の練習をしたりする
② カフェなどでは座ったまま休むしかありません。
③ 前日までに予約をすると割引になることがあります。

11 予約したチケットを変更する

회화 워밍업

F 다음 주라면 이번 주만큼 바쁘지 않을 것 같으니 좋을 것 같은데.
M 알겠습니다. 그럼 이번 주 회식은 다음 주로 변경하겠습니다.

上司　食事会のお店選び、頼んでもいいかな。
　　　회식 장소 선정 부탁해도 될까?
部下　わかりました。金曜日までにお調べいたします。/ 金曜日までにお調べします。
알겠습니다. 금요일까지 알아보겠습니다.
わかりました。金曜日までにリストをお作りいたします。/ 金曜日までにリストをお作りします。 알겠습니다. 금요일까지 목록을 만들겠습니다.
わかりました。金曜日までに(ご)報告いたします。/ 金曜日までにご報告します。
알겠습니다. 금요일까지 보고하겠습니다.
わかりました。金曜日までにいいお店をお探しいたします。/ 金曜日までにお探しします。 알겠습니다. 금요일까지 좋은 가게를 찾겠습니다.
わかりました。金曜日までに選んだお店に予約の電話をいたします。/ 金曜日までに選んだお店に予約の電話をします。
알겠습니다. 금요일까지 고른 가게에 예약 전화를 하겠습니다.

유이　다음 주 공연, 다케루도 가는거지?
다케루　아, 그거. 갈 예정이었는데….
유이　응? 못 가게 됐어?
다케루　응. 가족끼리 할아버지 댁에 가야 해서. 미안해.
유이　그렇구나. 아쉽네. 그럼 다음 달에 같이 다른 공연에 가지 않을래?
다케루　그래도 돼? 고마워. 다음 달은 이번 달만큼 바쁘지 않으니까 괜찮을 거야.
유이　좋은 공연이 없는지 찾아둘게.

1 ① たけるも行くでしょ
　② 行かなくちゃいけなく
　③ 今月ほど忙しくない
2 ① 来月一緒にコンサートに行く予定です。
　② 来月、いいコンサートがないか探します。

회화 마스터

직원　전화 감사합니다. 사쿠라에어라인 예약 창구의 사토라고 합니다.
해리　저, 날짜 변경을 하고 싶은데요.
직원　알겠습니다. 성함과 예약번호를 부탁드립니다.
해리　김해리, 예약번호는 001426420입니다.

직원	김해리 님, 예약번호는 001426420이요. 확인해 볼 테니 잠시만 기다려 주세요. 오래 기다리셨습니다. 내일 6월 20일 오전 8시 40분 하네다 출발 김포 도착 비행이시네요. 희망하시는 변경 일시가 있으신가요?
해리	날짜는 23일로. 출발시간도 늦게 하고 싶은데요, 오후 비행편이 있나요?
직원	23일 오후 말씀이시군요. 오후라면 오후 1시 20분 나리타 출발 인천 도착, 오후 5시 25분 나리타 출발 인천 도착, 오후 8시 5분 하네다 출발 김포 도착 이렇게 3편에 공석이 있습니다.
해리	그날은 늦어져도 상관없으니 오후 8시 5분 편으로 하겠습니다.

말하기 마스터

○
① お待たせいたしました。こちら、ステーキでございます。
② お待たせいたしました。こちら、おかわりのコーヒーでございます。
③ お待たせいたしました。こちら、コンサートのチケットでございます。

○
① このパソコン、画面を明るくしたいならコードをコンセントにつなげばいいですよ。
② このパソコン、キーボードをきれいにしたいなら掃除機でゴミを吸えばいいですよ。

○
① 学生　すみません、風邪でテストを休んでしまいました。
　　　　죄송해요, 감기 때문에 시험을 빠지고 말았어요.
　先生　そうですか。来週受けてもかもいませんよ。
　　　　그래요? 다음 주에 봐도 돼요.
② 学生　すみません、授業のプリントをなくしてしまいました。
　　　　죄송해요, 수업 프린트물을 잃어버리고 말았어요.

先生　そうですか。余ったプリントを持っていってもかまいませんよ。그래요? 남은 프린트를 가지고 가도 돼요.

○
① たける　明日、遊びに行ってもいい？
　　　　　내일 놀러가도 돼?
　ゆい　　来てもかまわないけど、親がいるからうるさくしないでよ。
　　　　　와도 되는데, 부모님이 있으니까 시끄럽게 하지 마.
　たける　うん、わかった。静かに遊ぶ。
　　　　　응, 알았어. 조용히 놀게.
　ゆい　　じゃあ、いいよ。그럼 좋아.
② たける　このホットケーキ、シロップをかけてもいい？ 이 핫케이크에 시럽 뿌려도 돼?
　ゆい　　かけてもかまわないけど、あまり甘くしないでよ。
　　　　　뿌려도 되는데, 너무 달게 하지 마.
　たける　うん、わかった。少しだけかける。
　　　　　응, 알았어. 조금만 뿌릴게.
　ゆい　　じゃあ、いいよ。그럼 좋아.

읽기 마스터

비행기가 갑자기 취소되었을 때
해외에서 비행기가 갑자기 취소되었을 때 어떻게 하면 좋을지 불안하게 생각하는 사람이 많지 않을까요. 태풍의 영향 등으로 날씨가 나쁠 때, 비행기 이륙이 취소되는 일은 적지 않습니다. 이런 경우 '예약을 변경하는 것'과 '돈을 돌려 받는 것' 두 가지 방법이 있습니다. 예약을 변경하는 경우에는 구입한 항공사의 카운터나 콜센터, 웹사이트에서 수속을 합니다. 다음 날 비행편이라도 상관없다고 하는 사람은 서두를 필요가 없지만, 도착 시간을 조금이라도 앞당기고 싶은 사람은 바로 연락을 하시기 바랍니다. 또 돌려받을 경우에는 연락을 너무 늦게 하면 돈을 돌려받지 못하는 경우도 있기 때문에 주의하세요. 전화비가 들어도 상관없다는 사람은 자기 나라에 있는 지사에 전화해서 수속을 하는 것도 추천합니다. 이 방법이라면 외국어를 잘 몰라도 편하게 수속을 할 수 있습니다.

① 友達に連絡して変更する
② 次の日の便でもかまわないという人です。
③ 電話代がかかってもかまわないという人におすすめです。

12 空港で荷物を別に送る

회화 워밍업

M　이 요리는 소스를 뿌리기 전에 아무것도 뿌리지 않은 상태로 한번 드셔 보세요.
F　과연. 이 먹는 법은 두 번 즐길 수 있어서 좋네요.

お客　新幹線に乗る前に2時間ほど時間があるんですが、何かおすすめがありますか。
신칸센을 타기 전에 2시간 정도 시간이 있는데, 뭔가 추천할 만한 것이 있나요?

店員　それでしたら、近くの美術館に行くのも、おすすめです。
그러시다면, 근처의 미술관에 가는 것도 추천합니다.

　　　それでしたら、展望台から景色を見るのも、おすすめです。
그러시다면, 전망대에서 경치를 보는 것도 추천합니다.

　　　それでしたら、マッサージを受けるのも、おすすめです。
그러시다면, 마사지를 받는 것도 추천합니다.

　　　それでしたら、駅のデパートでお土産を買うのも、おすすめです。
그러시다면, 역에 있는 백화점에서 기념품을 사는 것도 추천합니다.

　　　それでしたら、バスツアーで観光スポットを回るのも、おすすめです。
그러시다면, 버스투어로 관광명소를 돌아보는 것도 추천합니다.

다케루　어라. 휴대폰이 없어. 곤란하네. 어딘가에 떨어뜨렸나?
유이　뭐? 다케루 휴대폰? 음, 이 교실에는 없는 것 같은데. 여기 오기 전에 대케루는 어디에서 뭐 하고 있었어?
다케루　어, 그러니까, 편의점에서 음료수 사고…. 아, 편의점 가기 전에는 도서관에서 공부하고 있었어. 그리고 도서관에서 공부한 다음에 선생님 연구실에도 서류 내러 갔어.
유이　편의점이랑 도서관하고 연구실이네. 어딘가에 휴대폰이 전달되어 있으면 좋겠다.
다케루　도서관에 가기 전에 휴대폰을 본 기억은 있는데 말이야….

1 ① ないようだけど
　② コンビニに行く前は
　③ 届けられてるといい
2 ① コンビニで飲み物を買いました。それから先生の研究室に書類を出しに行きました。
　② 図書館に行く前です。

회화 마스터

직원　죄송합니다. 무료로 위탁 가능한 수하물은 23킬로그램까지입니다.
해리　어! 어떡하지. 지금 33킬로그램이니까 10킬로그램이나 초과인가…. 부탁 받은 것을 잊지 않고 사는 것만 생각하느라 무게를 완전히 잊고 있었네.
직원　32킬로그램을 초과하는 수하물에는 2만 엔의 초과 요금을 부과하게 되어 있습니다.
해리　2만 엔이요!? 너무 비싸다…. 내용물은 기념품뿐이라서 줄일 수 없는데….
직원　아직 출발까지 시간도 있으시니까 공항에서 부치는 것은 어떠신가요?
해리　아, 그렇구나! 그렇게 할게요. 짐을 부치는 장소가 어디에 있는지 가르쳐 주시겠어요?
직원　그쪽 통로를 곧장 가면 막다른 곳에 우체국이 있습니다. 아마 골판지 상자나 완충재 등도 있을 거예요.
해리　감사합니다. 바로 가 볼게요.

말하기 마스터

◯
① 彼は最近、冬休みにスキーをしに行くことばかり考えています。
② 彼は夜になると、彼女にふられたことばかり思い出しています。
③ 彼はこのごろ、給料が減らされたことばかり話しています。

◯
① あの、ここではお酒を飲んではいけないことになっているんですが。
② あの、ここでは最後に帰る人が電気を消すことになっているんですが。

◯
① 田中　あれ、佐藤さんの車がありますね。
　　　　어라, 사토 씨 자동차가 있네요.
　　パク　変ですね。車で出かけたはずなんですが…。 이상하네요. 자동차로 외출했을 텐데….
② 田中　あれ、お店の電気が消えていますね。
　　　　어라, 가게 불이 꺼져 있네요.
　　パク　変ですね。火曜日だから開いているはずなんですが…。
　　　　이상하네요. 화요일이니까 열려 있을 텐데….

◯
① ともや　週末、合コンに参加することばかり考えてて、全然勉強が手につかない。
　　　　주말에 미팅에 참가할 것만 생각하느라 공부가 전혀 손에 안 잡혀.
　　たける　え？合コンは来月に延期されたはずだけど。응? 미팅은 다음 달로 연기됐을 텐데.
　　ともや　え!?そうなの？응!? 그래?
　　たける　知らなかったの？先週、来月にすることになったんだよ。
　　　　몰랐어? 지난주에 다음 달에 하게 됐어.

② ともや　来月新しいゲームが発売されることばかり考えてて、全然勉強が手につかない。
　　　　다음 달에 새로운 게임이 발매될 것만 생각하느라 공부가 전혀 손에 안 잡혀.
　　たける　え？そのゲーム、発売中止になったはずだけど。응? 그 게임은 발매 중지 되었을 텐데.
　　ともや　え!?そうなの？응!? 그래?
　　たける　知らなかったの？先週、発売されないことになったんだよ。
　　　　몰랐어? 지난주에 발매되지 않게 됐어.

읽기 마스터

> 귀국 시의 짐 준비
> 해외에 갔다가 귀국할 때 친구나 가족에게 줄 기념품만 생각해서 짐 가방의 무게를 재지 않고 짐을 싸 버리면 공항에서 곤란해집니다. 항공사에 따라 가격에 차이가 있지만, 짐이 정해진 무게를 넘어버린 경우 추가 요금을 지불하게 되어 있습니다. 짐 가방이 무거워질 것 같을 때에는 비행기에 들고 타는 짐을 생각합시다. 대부분의 항공회사에서는 비행기 안에 작은 핸드백과 8킬로그램 정도의 가방의 반입을 허가하고 있습니다. 음료수 등의 액체는 안 되지만 그 외의 무거운 물건은 비행기 안에 가지고 들어가는 짐 안에 넣으면 좋겠죠. 짐은 전부 쌌을 거라고 생각해도 돌아가는 날 아침 넣지 않은 물건을 발견하는 경우가 자주 있습니다. 또한 공항에서 기념품을 더 살 지도 모릅니다. 짐을 가방에 넣을 때에는 정해진 무게보다 조금 가볍게 해 둡시다.

① 追加料金を払うことになっている
② 液体以外の重い物を入れるといいです。
③ 荷物は全部詰めたはずだと思っていても、見つけることがあります。

문법 찾아보기

본문에 나오는 문법을 JLPT(일본어능력시험) 급수와 함께 あいうえお 순으로 정리하였습니다.

あ

| お~ [N4] (존경/미화) | 3과 |
| ~終わる [N4] 다 ~하다 | 3과 |

か

~かどうか [N4] ~인지 아닌지, ~할지 어떨지	6과
~かな [N3] ~(일/할)까, ~(이/하)려나	5과
~くする [N5] ~하게 하다	11과
~ぐらい [N3] ~정도	7과
~け(れ)ど [N3] (생략 표현)	4과
ご~ [N4] (존경/미화)	3과
~ことがある [N3] ~하는 경우가 있다	4과
~ことになっている [N3] ~하게 되어 있다	12과

さ

~さ [N4] ~함(형용사의 명사화)	3과
~しか (~ない) [N3] ~밖에 (없다/하지 않다)	5과
~ずに [N3] ~하지 않고	2과

た

~たがる [N4] ~하고 싶어 하다	1과
~たまま [N3] ~한 채	10과
~ために [N4] ~하기 위해서	2과
~たりする [N3] ~하거나 하다	6과
~ていく [N3] ~하고 가다, ~해 가다	2과
~て(も)かまわない [N3] ~해도 상관없다	11과
~てから [N3] ~하고 나서	9과
~てくる [N3] ~하고 오다, ~해지다	1과
~でございます [N4] ~입니다(정중 표현)	11과

~でも [N3] ~(이)라도	9과
~(だ)と [N4] ~하면, ~하면	10과
~ところ(だ) [N3] (상태 표현)	5과

な

~ないで [N3] ~하지 않고	8과
~ながら [N3] ~하면서	9과
~(な)んだって [N3] ~하대, ~래	7과
~にする [N5] ~하게 하다	11과

は

~ばかり [N4] ~만, ~뿐	12과
~始める [N3] ~하기 시작하다	3과
~はずだ [N3] (당연히) ~일/할 것이다	12과

ま

| ~までに [N3] ~까지 | 10과 |
| ~みたいだ [N3] ~같다, ~한 것 같다 | 7과 |

や

| ~や~など [N5] ~나 ~등 | 8과 |
| ~ように [N3] ~하도록 | 1과 |

わ

| ~わけだ [N2] ~한 것이다, ~하구나 | 6과 |
| ~わけではない [N2] ~한 것은 아니다 | 6과 |

| 동사의 명령형 [N4] | 8과 |
| 형용사의 부사형 [N5] | 4과 |

단어 찾아보기

본문에 나오는 신출 단어를 あいうえお 순으로 정리하였습니다.

あ

相変わらず	변함없이, 여전히	1과
アイス	아이스, 얼음, 차가운	1과
アイスカフェラテ	아이스 카페라떼	4과
アイスクリーム	아이스크림	5과
アイデア商品	아이디어 상품	7과
アウトレット	아울렛, 할인 매장	4과
空き	빈, 공석	11과
あきらめる	포기하다	4과
預かり	맡아 둠, 보관	12과
預ける	맡기다	8과
汗をかく	땀을 흘리다	10과
温かい	따뜻하다	1과
当たり前	당연함	4과
当てはまる	해당하다, 적합하다	11과
アトラクション	놀이기구	9과
油	기름	4과
アプリ	어플(리케이션), 앱	10과
甘さ	달콤함, 단맛	3과
余る	남다	11과
ありがたい	감사하다, 고맙다	11과
合わせる	맞추다	5과
あわてる	당황하다	4과
言い聞かせる	타이르다, 훈계하다	12과
行き方	가는 법	1과
いくつか	몇 개	6과
以降	이후	2과
維持する	유지하다	5과
意識する	의식하다	1과
痛み	아픔, 고통	7과
位置	위치	12과
一日	하루	11과
一方	한편	5과
いとこ	사촌	2과
違反する	위반하다	5과
イメージチェンジ	이미지 체인지, 이미지 변화	11과
イヤホン	이어폰	9과
イルカ	돌고래	4과
いろんな	다양한	5과
仁川	인천(지명)	11과
インテリア	인테리어, 실내 장식	8과
ウェブ	웹	10과
ウェブサイト	웹사이트	11과
受け取る	받다	2과
打ち合わせ	회의	10과
腕時計	손목시계	6과
噂	소문	5과
うんと	훨씬	2과
運動靴	운동화	2과
エアコン	에어컨	10과
エアライン	에어라인	11과
影響	영향	10과
映像	영상	1과
液体	액체	12과
駅前	역 앞	3과
エリア	구역	12과
延期する	연기하다, 연기되다	12과
演奏	연주	9과
演奏する	연주하다	7과
大食い	대식, 많이 먹기	7과
オーダー	오더, 주문	10과
オーバー	초과함	12과
オープン	오픈, 개점, 개업	3과

オーロラ	오로라	10과
おかず	반찬	3과
沖縄	오키나와(지명)	5과
お決まり	결정, 정함	3과
おしゃべりだ	수다스럽다, 말이 많다	4과
おしゃれだ	멋지다	1과
おすすめ	추천	6과
恐れ入る	죄송하다, 황송하다	3과
落ち込む	울적하다, 침울해하다	4과
落ち着く	차분하다	5과
お疲れ様	수고했어	7과
訪れる	방문하다	2과
お化け屋敷	귀신의 집, 도깨비 집	9과
お花	꽃꽂이	2과
お昼	점심, 점심밥	1과
オペレーター	오퍼레이터, 전화 교환원	11과
お待ちください	기다려주세요	6과
お土産	기념품, 특산물	1과
思いがけない	의외이다, 뜻밖이다	4과
重み	무게	3과
親	부모, 부모님	8과
お礼	사례(선물), 보답	8과
オン	켬, 켜짐	6과

か

カーディガン	카디건	1과
カード	카드	6과
海外	해외	1과
買い得	싸게 삼	6과
ガイドブック	가이드북	1과
開発する	개발하다	10과
回復する	회복하다	4과
カウンター	카운터	10과
替え	여분, 여벌	1과
かえって	오히려, 되려	9과
替える	바꾸다, 교환하다	2과
かける	(시간·비용·노력을) 들이다	1과
学生証	학생증	10과
確認する	확인하다	2과
～カ月	～개월	9과
課題	과제	4과
カジュアル	캐주얼, 편한 옷차림	2과
カタログギフト	카탈로그 기프트	8과
がっかりする	실망하다	4과
楽器	악기	10과
活動	활동	8과
活用する	활용하다	3과
活用法	활용법	3과
悲しみ	슬픔	3과
可能	가능	6과
カフェ	카페	1과
我慢する	참다	7과
画面	화면	11과
～かも	～일지도	2과
柄	무늬	5과
辛さ	매움, 매운 맛	3과
軽め	가벼운 듯함	12과
替わる	대신하다, 대체하다	7과
観光	관광	12과
感じ	느낌	5과
感じる	느끼다	7과
関心	관심	12과
関節痛	관절통	10과
カンナム	강남(지명)	10과
気圧	기압	10과
キーボード	키보드, 자판	6과
黄色	노란색	3과
記憶	기억	12과
気温	기온	9과

着替え	옷을 갈아입음, 갈아입을 옷	1과
気がつく	알아차리다	7과
効く	효과가 있다	1과
帰国	귀국	12과
きっかけ	계기	7과
寄付	기부	8과
希望する	희망하다	1과
基本的	기본적	5과
決まり	규칙	5과
休日	휴일	7과
九州	큐슈(지명)	12과
休憩	휴식	10과
宮殿	궁전	7과
給料	월급, 급료	12과
教科書	교과서	3과
共通する	공통되다	6과
曲	곡	5과
金額	금액	2과
緊張	긴장	4과
金浦	김포(지명)	11과
クーラー	쿨러, 에어컨, 냉방기	10과
臭い	고약한 냄새가 나다	10과
くせ	버릇	3과
クッション材	충전재	12과
ぐっすり	푹 잠든 모양	2과
工夫	궁리, 고안	4과
グミ	젤리	7과
クリア	클리어, 해결	5과
苦しみ	괴로움	3과
詳しい	자세하다, 잘 알다	6과
軍隊	군대	9과
訓練	훈련	8과
経営	경영	7과
携帯	휴대폰	1과
契約	계약	1과

形容詞	형용사	11과
ケース	케이스, 경우	1과
けじめ	구분, 분간	12과
化粧	화장	10과
ゲスト	손님	5과
げっ	웩	10과
結婚式	결혼식	2과
決断	결단	7과
結論	결론	6과
～けど	～지만, 그렇지만	3과
研究室	연구실	7과
研究者	연구자	6과
現金	현금	6과
健康的	건강에 좋음, 건강함	2과
現在	현재	8과
現地	현지	1과
恋人	연인	2과
こういう	이런	5과
効果が出る	효과가 나타나다	3과
後悔する	후회하다	7과
合格する	합격하다	2과
効果的	효과적	3과
航空	항공	11과
合コン	(단체) 미팅	12과
行動	행동	12과
購入する	구입하다	11과
超える	넘다, 초과하다	12과
コーディネート	코디네이트	5과
コード	코드	11과
個性	개성	2과
コツ	요령	4과
骨折	골절	4과
異なる	다르다, 상이하다	8과
好み	취향	8과
こぼす	흘리다	4과

細かい	자세하다, 자잘하다	2과
コミュニケーション	커뮤니케이션, 의사소통	1과
ごろごろする	빈둥거리다	7과
今回	이번	2과
今週末	이번 주말	7과
コンセント	콘센트	11과
こんなに	이렇게	1과
こんなふうに	이런 식으로	4과

さ

サークル	서클, 동아리	2과
サービス	서비스	9과
災害	재해	8과
サイズ	사이즈, 크기	4과
最大限	최대한	5과
サイド	사이드 (메뉴)	3과
サイト	사이트	10과
材料	재료	2과
先に	먼저	6과
避ける	피하다	5과
誘う	권하다	1과
サッカー場	축구장	1과
さっそく	어서, 즉시	7과
サファリパーク	사파리 공원	9과
様々な	다양한, 여러 가지	5과
サムギョプサル	삼겹살	8과
サムゲタン	삼계탕	12과
さらに	게다가, 더욱	2과
酸化	산화	3과
参加する	참가하다, 참석하다	1과
幸せだ	행복하다, 다행이다	2과
ジーンズ	청바지	2과
ジェットコースター	제트 코스터	9과
紫外線	자외선	5과
時期	시기	10과
支社	지사	11과
事情	사정	6과
自身	자신, 자기	8과
自然だ	자연스럽다	4과
支度	준비, 채비	10과
試着	시착, 입어 봄	6과
実際	실제	6과
実質的	실질적	6과
実は	실은, 사실은	2과
実物	실물	4과
指定する	지정하다	5과
しばらく	잠시, 당분간	4과
渋さ	떫은 맛	3과
しみる	아프다, 자극하다	7과
事務室	사무실	1과
ジム	체육관, 스포츠 클럽	3과
社員	사원	4과
～じゃう(～ちゃうの 음변화)	～해 버리다, ～하고 말다	4과
～じゃん(～じゃないの 음변화)	～잖아	6과
修学旅行	수학여행	12과
祝儀	축의(금)	2과
重視する	중시하다	3과
就職	취직	1과
修正点	수정할 점, 수정 사항	6과
集中する	집중하다	7과
週末	주말	2과
重量	중량, 무게	3과
塾	학원	11과
受験	수험	7과
取材	취재	12과
手術を受ける	수술을 받다	4과
出勤する	출근하다	10과
出張	출장	10과
種類	종류	3과

順番 (じゅんばん)	순서	9과
小学 (しょうがく)	초등학교	7과
上司 (じょうし)	상사	11과
少々 (しょうしょう)	잠시	6과
状態 (じょうたい)	상태	12과
招待客 (しょうたいきゃく)	초대 손님	2과
招待状 (しょうたいじょう)	초대장	2과
商品 (しょうひん)	상품	4과
情報 (じょうほう)	정보	2과
ショー	쇼, 공연	9과
初級 (しょきゅう)	초급	3과
食後 (しょくご)	식후	3과
食材 (しょくざい)	식재료	5과
食事会 (しょくじかい)	회식	11과
職場 (しょくば)	직장	12과
所属 (しょぞく)	소속	3과
除隊する (じょたいする)	제대하다	9과
食器 (しょっき)	식기	8과
しょっぱい	짜다	3과
書類 (しょるい)	서류	1과
資料 (しりょう)	자료	10과
シロップ	시럽	11과
新幹線 (しんかんせん)	신칸센 (일본의 고속 철도 열차)	12과
新婚 (しんこん)	신혼	1과
親戚 (しんせき)	친척	7과
新婦 (しんぷ)	신부	8과
新郎 (しんろう)	신랑	5과
水族館 (すいぞくかん)	수족관	4과
スイッチ	스위치	6과
水道水 (すいどうすい)	수돗물	11과
スケジュール	스케줄	6과
過ごす (すごす)	보내다	9과
素敵 (すてき)	멋짐	7과
スナック	스낵, 간식	9과
スニーカー	스니커	2과
スピーチ	연설, 발표	1과
全て (すべて)	전부	3과
スポット	스폿, 장소, 지점	9과
スマホ	스마트폰	9과
性格 (せいかく)	성격	7과
制限 (せいげん)	제한	9과
制限する (せいげんする)	제한하다	4과
成功する (せいこうする)	성공하다	5과
成績 (せいせき)	성적	7과
成分 (せいぶん)	성분	3과
性別 (せいべつ)	성별	8과
整理する (せいりする)	정리하다	7과
セール	세일	2과
せっかく	모처럼	9과
接客 (せっきゃく)	접객, 손님을 접대함	4과
絶対に (ぜったいに)	반드시	5과
セッティング	세팅, 설정	6과
セリフ	대사	11과
前回 (ぜんかい)	전회, 지난 번	7과
先日 (せんじつ)	지난번, 요전번	11과
前日 (ぜんじつ)	전일, 하루 전	10과
前半 (ぜんはん)	전반	8과
そういう	그런	5과
そういえば	그러고 보니	1과
操作する (そうさする)	조작하다	9과
掃除機 (そうじき)	청소기	11과
葬式 (そうしき)	장례식	5과
そうそう	맞아 맞아	2과
ソースをかける	소스를 뿌리다	12과
そっくり	똑같음, 똑 닮음	7과
そのため	그 덕에, 그 때문에	3과
そのぶん	그 만큼	6과
そのまま	그대로	5과
それにしても	그건 그렇고, 그렇다고 해도	1과
尊敬語 (そんけいご)	존경어	2과

단어 찾아보기 | 181

た

タイ	태국	3과
ダイエット	다이어트, 식이 제한	3과
大会	대회	1과
大学院	대학원	6과
代金	대금	4과
体重を落とす	체중을 줄이다	2과
体力	체력	7과
タオル	타올, 수건	1과
たかが	기껏해야, 고작	7과
確かに	분명히, 틀림없이	2과
出す	내다, 제출하다	12과
助かる	살아나다, 도움이 되다	1과
助ける	도와주다, 구해주다	7과
ただ	단, 단지	6과
ただし	단, 다만	9과
立場	입장	4과
経つ	지나다, 경과하다	3과
～だって	～래, ～(하)대	7과
立てる	세우다	5과
楽しむ	즐기다	1과
～たび	～(할) 때	2과
食べ終わる	먹기 시작하다	3과
食べ始める	다 먹다	3과
試す	시험해 보다	3과
貯める	쌓다, 모으다	6과
たよりない	믿음직스럽지 못하다	9과
段ボール	골판지(상자)	12과
担当者	담당자	6과
旦那さん	남편 분	7과
地域	지역	12과
済州島	제주도(지명)	1과
違い	차이	12과
チケット	티켓, 표	8과
遅刻する	지각하다	4과
茶色い	갈색이다	5과
～ちゃう	～해 버리다, ～하고 말다	8과
～着	～착, ～도착	11과
～ちゃった	～해 버렸다	3과
ちゃんと	제대로	2과
チャンピオン	챔피언, 우승자	7과
注射を打つ	주사를 맞다	1과
中心	중심	5과
注文	주문	3과
注文する	주문하다	4과
超過	초과	12과
長期間	장기간	4과
調査	조사	7과
長時間	장시간	2과
長女	장녀, 큰딸	7과
長所	장점	7과
挑戦する	도전하다	5과
直接	직접	2과
ツアー	투어	12과
追加	추가	12과
ついでに	하는 김에	1과
通路	통로	12과
使い方	사용법	6과
～付き	～딸림, ～포함	10과
突きあたり	막다른 곳	12과
作り方	만드는 법	1과
漬物	절임	3과
伝える	전달하다	8과
伝わる	전해지다	3과
包む	싸다, (축의금 등을) 봉투에 넣어 건네다	2과
～って	～란, ～는	2과
～っていう	～라고 하는	9과
どういう	어떤	4과
勤め先	근무처, 직장	3과

務める	역할을 맡다	4과
つながる	연결되다	9과
つなぐ	연결하다	11과
つまり	즉, 결국	2과
摘む	따다	3과
詰める	채우다, 채워 넣다	12과
出会う	만나다	7과
提供する	제공하다	9과
提出	제출	1과
提出する	제출하다	3과
デート	데이트	5과
テーマパーク	테마파크, 놀이공원	9과
できる	할 수 있다, 가능하다	5과
デザート	디저트, 후식	3과
デザイン	디자인	5과
デジカメ	디지털 카메라	6과
でしたら	그렇다면	4과
手続き	수속	11과
徹夜	철야, 밤을 샘	7과
手につかない	(일이) 손에 잡히지 않다, 집중할 수 없다	12과
デメリット	단점	6과
デリバリー	딜리버리, 배달	8과
電化製品	가전제품	8과
典型的	전형적	9과
展示会	전시회	6과
電子マネー	전자머니	6과
伝統	전통	3과
展望台	전망대	12과
動画	동영상	10과
当日	당일	5과
到着する	도착하다	10과
どうにか	어떻게든, 이럭저럭	5과
豆腐	두부	3과
同様	같음, 마찬가지임	5과
どうりで	그래서, 어쩐지	6과
遠回り	멀리 돌아감	1과
〜どおり	〜대로	4과
〜通り	〜가지, 〜종류	11과
通り過ぎる	그냥 지나다, 통과하다	5과
得	득, 이득	5과
得意だ	잘 하다	9과
〜として	〜(으)로, 〜(으)로서	10과
土日	토일, 주말	10과
とも	다, 모두	3과
取り締まり	단속	9과
ドリンク	음료	10과
ドリンクバー	드링크 바	10과
どれどれ	어디 어디	3과
とれる	빠지다, 없어지다	4과

な

長靴	장화	1과
長さ	길이	3과
仲間	동료	4과
中身	내용물	12과
ながら族	하면서 족, 멀티 플레이어	9과
なぐさめる	위로하다, 달래다	4과
納得する	납득하다	6과
夏バテ	여름을 탐, 더위 먹음	10과
悩み事	고민거리, 걱정거리	6과
悩む	고민하다	6과
成田	나리타(지명)	11과
〜なんて	〜하다니, 〜라니	8과
なんとなく	왠지 모르게, 어쩐지	9과
苦手だ	잘 못하다, 좋아하지 않다	3과
偽物	가짜, 위조품	7과
日時	일시	11과
日常	일상	2과
日常的	일상적	2과

担う	담당하다	6과
入場	입장	9과
～によって	～에 의해, ～에 따라	2과
～によっては	～에 따라서는	10과
～による	～에 의한, ～에 따른	9과
人気	인기	3과
ネイビー	네이비, 남색	5과
値下げ	값을 깎음, 가격 인하	6과
ネックレス	목걸이	6과
熱心だ	열심이다	4과
熱帯夜	열대야	10과
ネット(インターネット)	인터넷	4과
ネットワーク	네트워크	9과
年齢	연령, 나이	8과
能力	능력	2과
伸びる	늘어나다, 자라다	3과
飲み物代	음료수 값	10과

は

パーク	공원	9과
ハーブティー	허브티	4과
量る	재다	12과
はく	(하의를) 입다, (신발을) 신다	1과
励ます	격려하다	4과
パジャマ	파자마, 잠옷	10과
外す	분리하다, 떼내다	6과
パステルカラー	파스텔컬러	5과
はちみつ	꿀, 벌꿀	5과
～発	～발, ～출발	11과
バッグ	백, 가방	3과
パック	팩	3과
発酵する	발효하다	3과
罰則	벌칙	9과
発売する	발매하다	12과

発表	발표	12과
派手だ	화려하다	5과
話し合う	서로 이야기하다	6과
話しかける	말을 걸다	1과
羽田	하네다(지명)	11과
早食い	빨리 먹기	7과
流行る	유행하다	7과
パレード	퍼레이드, 행렬, 행진	9과
ハワイ	하와이(지명)	1과
番組	프로그램	12과
パンダ	판다	9과
ハンドバッグ	핸드백	12과
パンフレット	팸플릿, 안내책자	5과
ピアニスト	피아니스트	7과
ヒール	굽	5과
引き出す	끌어내다	5과
引き出物	답례품	8과
膝	무릎	10과
久しぶり	오랜만임	1과
ビジネスマン	비즈니스맨, 사업가	7과
筆順	필순	4과
一口	한 입, 조금	7과
人々	사람들	9과
一人暮らし	혼자 삶	5과
避難	피난	8과
日にち	날짜	11과
表現	표현	2과
美容室	미용실	5과
開ける	열리다	10과
～便	비행편	11과
ファスト	퍼스트, 우선	9과
不安だ	불안하다	5과
不安定だ	불안정하다	10과
風景	풍경	2과
封筒	봉투	2과

増える	늘다, 늘어나다	1과
フォーエバーランド	포에버랜드	9과
フォーマル	포멀한, 격식을 차린	5과
部下	부하	11과
複数	복수	8과
服装	복장	5과
袋	주머니, 봉지	10과
ふさわしい	어울리다, 적합하다	5과
富士	후지	4과
富士山	후지산(지명)	3과
普段	평소, 평상시	5과
普通だ	보통이다, 일반적이다	2과
ブックカフェ	북카페	11과
物件	물건, 방, 건물	12과
沸騰させる	끓게 하다, 끓이다	11과
筆の運び	붓놀림	4과
部分	부분	8과
不満	불만	9과
増やす	늘리다	6과
冬休み	겨울방학	12과
フライ	프라이, 튀김	4과
フライト	비행	11과
ふられる	차이다	12과
プラン	계획, 안	10과
ブランチ	브런치, 아침 겸 점심	2과
ブランド品	브랜드 제품	1과
～ぶり	～만, ～만에	3과
フリータイム	프리타임, 자유시간	10과
振り込み	납입	4과
プリント	프린트(물), 인쇄물	4과
プルコギ	불고기	8과
古本屋	헌책방	7과
プロジェクト	프로젝트	5과
雰囲気	분위기	3과
平日	평일	4과

ヘッドフォン	헤드폰	9과
ヘビーレイニーマウンテン	헤비레이니마운틴	9과
減らす	줄이다	12과
減る	줄다, 줄어들다	3과
ヘルシー	건강함	3과
変更する	변경하다	11과
偏食	편식	5과
返信	답장	2과
返品する	반품하다	4과
ポイント	포인트	6과
貿易	무역	11과
報告する	보고하다	11과
放送	방송	12과
放送局	방송국	12과
放置する	방치하다	10과
方法	방법	1과
保存する	보존하다, 저장하다	6과
北海道	홋카이도(지명)	1과
ホット	뜨거운, 따뜻한	3과
ホットケーキ	핫케이크	11과
ホットドッグ	핫도그	7과
本物	진짜, 진품	7과

ま

マーケティング	마케팅	6과
マイク	마이크	10과
マグカップ	머그컵	2과
ましだ	더 낫다, 더 좋다	4과
マスター	마스터, 습득함	5과
混ぜる	섞다	5과
間違う	틀리다	4과
マッサージ	마사지	12과
祭り	축제	3과
窓口	창구	11과

マナー	매너, 예의	5과
マナーモード	매너모드, 무음모드	6과
学ぶ	배우다	1과
〜まま	〜한 채, 〜대로	10과
守る	지키다	12과
迷う	망설이다, 머뭇거리다	6과
まるで	마치	7과
まれだ	드물다	11과
満員	만원	2과
マンガ	만화	11과
満席	만석	8과
ミーティング	미팅	7과
ミキサー	믹서	8과
右下	오른쪽 아래	6과
神輿	가마	3과
水着	수영복	1과
水をかける	물을 뿌리다	4과
〜みたいだ	〜같다	7과
認める	인정하다	10과
緑色	녹색	3과
みなさま	여러분	6과
魅力	매력	2과
見分けがつかない	분간이 가지 않다, 구별하기 어렵다	7과
〜向け	〜용	8과
向ける	향하다	12과
無料	무료	12과
召し上がる	드시다	12과
メニュー	메뉴	3과
メモする	메모하다	1과
メリット	장점	6과
免許	면허	1과
免税店	면세점	1과
面接	면접	10과
面倒くさい	귀찮다, 번거롭다	5과
面倒だ	귀찮다, 번거롭다	10과
もうかる	벌이가 되다, 이득이 남다	11과
申し訳ない	죄송하다, 면목없다	4과
燃える	타다	12과
目的	목적	10과
もしかしたら	혹시, 어쩌면	7과
餅	떡	3과
持ち歩く	가지고 다니다	1과
持ち込む	가지고 들어가다, 반입하다	12과
もともと	원래, 본디	4과
モニター	모니터, 화면	12과

や

約〜	약〜	2과
役割	역할	6과
家賃	집세	3과
やつ	것	10과
山登り	등산	2과
やる気	의욕, 할 마음	11과
柔らかい	부드럽다	3과
遊園地	유원지	9과
友人	친구	1과
郵便	우편	2과
郵便局	우체국	12과
浴衣	유카타(여름용 홑겹옷)	1과
豊かだ	풍부하다, 풍요롭다	9과
ユビキタス	유비쿼터스(장소에 상관없이 네트워크에 접속할 수 있는 정보 통신 환경)	9과
許す	허가하다, 허용하다	12과
〜用	〜용	2과
様子	모습, 상태	4과
幼稚園	유치원	7과
ようやく	겨우, 드디어	7과
ヨーロッパ	유럽(지명)	1과
汚す	더럽히다	4과

汚れ	더러움, 오점, 얼룩	4과
~よね	~(이/하)지?, ~(인/하는) 거지?(확인)	2과
~より	~보다	2과

ら

楽だ	편하다	1과
~らしい	~라고 한다	9과
ラッキー	행운, 운이 좋음	4과
リーダー	리더, 대표	4과
理解する	이해하다	2과
リスト	리스트, 목록	11과
理想	이상, 이상형	7과
リフォームする	리폼하다	12과
留学	유학	2과
流行語	유행어	11과
リュック	백팩, 배낭	9과
量	양	3과
料金	요금	10과
両手	양손	9과
緑茶	녹차	3과
旅行会社	여행 회사, 여행사	5과
リラックス	릴랙스	3과
ルール	룰, 규칙	2과
レインコート	우비	1과
レッスン	레슨, 개인 교습	7과
レモン汁	레몬즙	11과
連休	연휴	5과
レンタカー	렌터카	1과
連絡先	연락처	3과

わ

ワイングラス	와인글라스	2과
わざわざ	일부러	1과
私的には	나 같은 경우에는	6과
和服	일본 전통 옷	11과
割引	할인	6과
割引する	할인하다	4과
割る	깨다	4과

Memo

Memo

Memo

Memo